AF242194

LES CHAMBRES

ET

LA FRANCE

PAR

Gustave **DU PUYNODE**

CORRESPONDANT DE L'INSTITUT

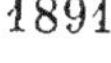

PARIS

LIBRAIRIE GUILLAUMIN ET CIE

Éditeurs de la Collection des principaux Économistes, du Journal des Économistes
Du Dictionnaire de l'Économie politique,
du Dictionnaire universel du Commerce et de la Navigation, etc.
RUE RICHELIEU, 14
—
1891

LES CHAMBRES

ET

LA FRANCE

PAR

Gustave DU PUYNODE

CORRESPONDANT DE L'INSTITUT

PARIS

LIBRAIRIE GUILLAUMIN ET Cⁱᵉ

Éditeurs de la Collection des principaux Économistes, du Journal des Économistes
Du Dictionnaire de l'Économie politique,
du Dictionnaire universel du Commerce et de la Navigation, etc.

RUE RICHELIEU, 14

—

1891

LES CHAMBRES

ET

LA FRANCE

CHAPITRE PREMIER

Jamais élection politique n'a été plus curieuse que la dernière de notre Chambre des députés. Il y allait, en un trouble extrême, du présent et de l'avenir de la France, sans que personne prévît ce qu'elle déciderait. L'on aurait dit une course en pays inconnu, et sur sur les voies les plus diverses, où chacun jouait à pile ou face nos destinées communes. Comme pour s'y moins reconnaître encore, tous les partis politiques s'appliquaient, par crainte probablement des électeurs, qui n'en félicitaient aucun, à se dissimuler de leur mieux, à cacher leur drapeau, à renier sans façon leurs programmes anciens ou nouveaux. Nulle prude sur le retour, n'aurait contredit avec plus d'empressement sa vie de jeunesse, si différente d'ordinaire de celle que l'âge impose. Une seule chose leur restait de leur passé ou de leurs habitudes : l'outrage pour tous ceux qu'ils redoutaient, n'ignorant pas que la curée est d'autant plus profitable qu'elle est moins disputée.

Le scrutin s'était ouvert, selon l'usage, au nom de la souveraineté nationale. Mais, tandis que les uns faisaient appel à leurs comités, aux fonctionnaires, aux débitants, aux solliciteurs et aux fonds secrets, les autres s'adressaient à leurs agences, aux évincés de toutes sortes, aux révolutionnaires de toute origine et aussi à l'argent comptant. Partout les marchés étaient engagés et les prix débattus. Comme aux jours d'effervescence sur les places de négoce, les demandes succédaient aux offres, les offres aux demandes. Et les initiés seuls savaient à quoi s'en tenir, au milieu de tant d'affiches, de promesses, de parades opposées et de luttes feintes ou véritables.

Ils y avaient même d'autant plus de mérite, qu'un élément nouveau se mêlait à cette élection, représenté par un général à panache et en fuite. Chassé de l'armée, dégradé, condamné, il n'en menait pas moins à sa suite une bande électorale très nombreuse, composée à la fois d'une quantité de monarchistes, d'impérialistes et de républicains, des plus effrontés ambitieux et des pires révolutionnaires. Duchesses et filles à l'encan, croyants et athées, écrivains, orateurs et camelots s'y rencontraient, aux chants sacrés de l'église autant qu'à ceux de la *Carmagnole* ou du *Ça ira*. C'était sous les plus hautes armoiries, parfois sous le patronage des plus grands devoirs à remplir et des plus grands exemples à donner, une descente de la Courtille dans la tour de Babel. La

couronne de France et l'aigle impériale y portaient la
batte d'un charlatan. Le plaisant, c'est qu'à peu près
chaque membre de cette bande si mêlée se persuadait
duper les autres. Le cri constant de ralliement y était
le salut de la République, dont tous faisaient l'assaut,
soit au nom de la Commune, soit au bénéfice du césa-
risme, de l'empire ou de la royauté. Si quelques-uns
d'entre eux pensaient encore aux principes conservateurs de toute société, ce n'était guère que pour les sacrifier, sans souci de ce qu'il en adviendrait. Peut-être
songeaient-ils, il est vrai, qu'il y a plus de quatre-
vingts ans qu'il en est souvent de la sorte, grâce à notre
esprit accommodant et à notre honnêteté facile. Comme
dès la fin même du siècle passé, nous allions insouciam-
ment à 92 et à 93.

Cependant la France s'en est mieux tirée qu'on ne
l'imaginait. Elle s'est bouchée les oreilles, s'est mise des
œillères, et, rejetant le plus qu'elle a pu de chefs de parti
et d'anciens députés, a résolument marché vers les deux
buts qu'elle voulait atteindre : l'apaisement et la sécurité.
Chose singulière, dès que cette volonté du pays s'est
clairement manifestée, de droite et de gauche l'on s'y
est aussitôt soumis, avec l'ardeur du néophisme, sinon
de la sincérité. Les boulangistes eux-mêmes ne se reconnaissaient plus dans les derniers jours qui ont précédé
le scrutin. Quelle sagesse s'était partout alors révélée !
Quelle mesure en chaque désir ! Quel amour de la concorde ! Quelle louable disposition aux sacrifices particu-
liers en faveur de l'accord général ! Les plus bruyantes
fanfares s'étaient tout-à-coup transformées en douces
romances de salon. Il n'est pas jusqu'aux *grandes ré-*

formes, qui devaient en un instant changer l'univers et l'humanité, et qui, suivant l'habitude, étaient invoquées au nom du pays entier, sans qu'il y eût jamais songé, que l'on ne vit à ce moment rejetées au magasin des rebuts. L'on ne parlait plus partout que de modération, d'union et d'économie. Pour un peu, tout le corps électoral aurait, en pénitent, récité d'une seule voix d'humbles et de pieuses oraisons, entre les souvenirs les moins austères et les convoitises les plus audacieuses.

Par malheur, l'élection faite, la scène s'est de nouveau modifiée. Les fanfares ont recommencé, les parades ont relevé leurs tréteaux, les injures, les luttes et les *grandes réformes* ont reparu. A force de respect pour la vérité, chaque parti s'est même dit triomphant, souverain maître de l'avenir. Tant de satisfaction faisait plaisir à voir; les candidats ne se reconnaissaient plus parmi les députés.

> *Et le chemin est long du projet à la chose.*

Les suites de ce changement se sont aussi bien révélées dès les premières séances de la Chambre. Les iniques invalidations des membres de la droite, le brutal rejet de certains autres élus, récemment convertis à une république sage et libérale, ont servi d'entrée de jeu. On les a tous mis à la porte. Car, je l'ai déjà fait entendre, quand beaucoup labourent et ensemencent, le mieux est encore d'engranger, sans trop de copartageants aux gerbes. Et c'est en effet là le secret accoutumé des menées et des calomnies, auxquelles excellent surtout les radicaux, si propres aux agitations qu'ils ourdissent et aux frayeurs qu'ils causent. Aussi, comptant à peine dans les Chambres et le pays, ces derniers y commandent-ils souvent, tant l'audace a facilement raison des craintes ou des lâchetés qui l'entourent.

La Chambre une fois assemblée a donc répondu par de nouvelles haines et de nouveaux combats, aux désirs de concorde et d'union hautement exprimés par la France. Quelques rares politiciens — on n'ose plus dire des politiques — ont seuls prétendu demeurer alors fidèles à leur récente sagesse et à leurs dernières promesses. Ils allaient même, à leur dire, montrer un mérite extrême en s'opposant à toute violence, à tout excès, visière levée et lance au poing, s'il le fallait. L'on tremblait presque pour leur vie; mais ils ont vite rassuré tout le monde. Par aversion sans doute de l'isolement, ils ont effectivement rejoint en hâte, par les portes dérobées ou les escaliers de service, leurs adversaires. On les aurait bientôt cherchés en vain aux places qu'ils avaient d'abord choisies; on ne les y aurait plus trouvés. Redevenus les chevaux de renfort des hommes et des doctrines qu'ils voulaient combattre, ils ont été aidés dans cette œuvre peu méritoire par les gouvernants eux-mêmes, fort intéressés pourtant à les voir agir et à agir différemment. Mais ces derniers n'auraient-ils pas également peut-être été mis à l'écart? N'aurait-on pu les accuser aussi d'indifférence ou de pusillanimité? Leur chef était et est toujours, d'ailleurs, si habitué à marcher à l'outrance par des voies couvertes et détournées! Il sait si bien revêtir un excès d'une timide et complaisante apparence! Il insinue avec tant d'adresse des conseils de duplicité! Il a déjà fait le tour des divers partis et, sans plus d'embarras, est prêt à le recommencer. Malgré une intelligence peu commune, il ne voit jamais que l'instant présent et ses propres commodités, comme l'on a trop aisément pu s'en convaincre, lorsqu'il a renoncé à la prépondérance de la France en Égypte, liée à sa puissance même dans la Méditerranée, ou, plus récemment, lorsqu'il a sacrifié les droits du travail à d'insensées revendications ouvrières, ou plutôt de quelques meneurs d'ouvriers. Montaigne disait bien : « La modération est une vertu plus difficile que n'est la vertu », et Mme de Staël ne se trompait pas en écrivant : « Il y a deux choses qu'il ne faut pas voir faire : la cuisine et la politique ». Une grande faiblesse au sein des démocraties, n'est pourtant que la préparation, l'excitation aux pires folies populaires, qui, de leur côté, conduisent toujours au despotisme.

Le plus notable service qu'aient, à mon sens, rendu nos politiciens depuis nos dernières élections législatives, tant de la Chambre que du Sénat, dont j'ai peu parlé parce qu'il s'efface sans cesse, quoique très supérieur à la Chambre, c'est d'avoir beaucoup contribué à répandre parmi nous l'indifférence politique. A la fin de la dernière législature, nous ne nous fiions plus guère qu'aux vingt-deux mille dossiers de Wilson, et nous commençons à croire que le nombre s'en est encore augmenté. Quel éclat de rire accueillera bientôt, il sied de l'espérer, les dévouées protestations, les serments solennels de nos candidats et de nos législateurs ! Quand le public ne les croira-t-il plus ? Ce serait en vérité un immense bienfait. Nous arrêterions de la sorte la plupart de leurs tristes entreprises, les persuadant que nous n'y découvrons que d'inutiles jongleries chez les uns, ou que de vains sauts de tremplin et de grands écarts chez les autres. Il serait réellement temps que l'on renonçât à nous vanter Caïus Gracchus, pour avoir tenté de renverser la société au moyen de distributions de terres et de blé qui ne lui appartenaient pas.

L'indifférence politique paraîtrait de nos jours d'autant mieux justifiée que nous sortons à peine de notre exposition universelle, cette merveille, cet incomparable prodige de notre temps. Au nom des Papin, des Watt, des Smith et de ses disciples, des Fulton, des Arkwright, des Stephenson, des Ampère, des Edison et des grands industriels, des grands savants, des grands artistes du monde entier, opposez donc, si vous l'osez, ceux des Clémenceau, des de Mun, des Lockroy et des Cazot! Quels sont, je le demande, entre tous les vrais serviteurs de l'humanité, les vrais et utiles réformateurs, ceux qui méritent le plus de reconnaissance et d'estime? Si Macaulay a pu dire que la politique est l'un des plus nobles emplois de l'intelligence humaine, c'est au moins, j'imagine, à la condition qu'on en soit digne.

Combien il est vrai, et c'est une remarque déjà faite (1), que notre puissance productive et l'accroissement de nos richesses, depuis un siècle, ne sont plus en rapport avec notre développement intellectuel, moral et politique, et que, de là, proviennent les mécontentements et les souffrances qui ont engendré ce que l'on a nommé la question sociale! C'est à égaliser ces rapports qu'il siérait de s'appliquer, par l'étude, l'instruction, la réforme de nos mauvais penchants et de nos mauvaises lois, le respect de la liberté et la recherche de la vérité,

(1) V. surtout M. de Molinari, *Notions fondamentales d'économie politique et programme économique.*

et c'est à quoi l'on n'a point pensé. L'on a trouvé plus simple de s'en remettre au socialisme d'Etat, ou au socialisme absolu, qui doit tout changer en vingt-quatre heures, grâce à son plein arbitraire ou au désordre absolu. Une panacée d'inspiration dispense de toute science.

Je m'arrête à cette pensée, parce que c'est l'un des plus sûrs et des plus nobles enseignements économiques, dû surtout à Mill et à Herbert Spencer, que, jusqu'en ses milieux les plus défavorables, l'homme reste surtout responsable de son sort. Ses devoirs de travail, de moralité, de prévoyance ne sont jamais diminués.

Mais ce qui me rassure sur le plein avénement de notre indifférence politique, c'est l'ignorance et l'incapacité de nos représentants, puisque c'est le nom qu'ils se donnent, sans craindre de nous blesser. A aucune époque, ni dans aucune autre Chambre d'Europe au moins, ne s'est en effet rencontré pareil assemblage d'ineptie et d'impuissance. Les broderies de leurs uniformes se devraient plus d'une fois surmonter de certain bonnet trop connu. Les comités, les fonctionnaires, les hâbleurs de club et de cabaret s'appliquent apparemment aux choix les moins recommandables, afin de satisfaire les multitudes, qui détestent avant tout les supériorités. Comment, aussi bien, les chefs ou les importants de chaque parti continueraient-ils à faire la roue dans leur commune ou leur circonscription, s'ils agissaient autrement? Sur nos 572 députés, trouvez-en 30, je n'en demande pas davantage, en état de composer l'administration d'une société commerciale, agricole ou manufacturière, un peu considérable. Nommez en dix capables de rendre compte ou du budget, qu'ils votent chaque année, ou des lois qu'ils votent chaque jour. L'on a souvent écrit que la démocratie, par suite de l'envie qui la domine, est la terre promise de la médiocrité ; ce n'est pas la nôtre qui ferait changer d'avis. Tu verras, mon fils, avec combien peu de sagesse est gouverné le monde, disait déjà Oxenstiern. Un célèbre américain écrivait même récemment que le signe de la corruption des gouvernements populaires est l'éloignement des honnêtes gens des affaires publiques.

Paulum sepultæ distat inertiæ
Celata virtus.

Toutefois, puisque le vote universel recherche aussi volontiers ce qui rapporte, il devrait comprendre qu'un homme distingué est, pour ses électeurs, un capital plus productif qu'un sot. Qu'il soit de gauche ou de droite, on compte avec un homme considérable, on veut se l'attirer, l'on craint de le blesser. Puisque tout est intrigue et faveur sous notre excessive centralisation, il serait bon d'avoir pour courtier un homme sachant en imposer et pouvant obtenir des passe-droits. J'ai notamment peine à concevoir que l'opposition, qui ne peut prétendre qu'à se gagner l'opinion, s'en tienne aux nullités pour triompher. La droite, par exemple, qui mérite seule à peu près, en ce moment, le nom d'opposition, repoussait naguère M. de Falloux, et repousse à présent MM. Depeyre et Ernoul. Qu'y a-t-elle gagné et qu'y gagne-t elle ? Otez de ses rangs l'évêque d'Angers, à qui son caractère sacerdotal retire toute influence parlementaire et interdit toute attaque décisive, et nommez l'orateur remarquable qui lui reste. Ce n'est pas, j'imagine, ce singulier député qui, laissant à la caserne ses galons de cuirassier, s'est appelé de lui-même, sans étude, sans réflexion, sans préparation, à réformer le genre humain avec les vieux réglements d'Etienne Boyleau sur les corps de métiers du moyen-âge, dont il ne comprend pas d'ailleurs le premier mot. A l'ombre de ses moulins à vent, il rejette l'économie politique et la société moderne, sans s'apercevoir que ce qu'il réclame est impossible à réaliser de nos jours, avec notre industrie et nos ouvriers. Dans ses anathèmes, à peu près tous réédités de Louis Blanc, il unit, en outre, au socialisme le plus révolutionnaire (1) les plus faux enseignements religieux. Il place tout sous la main de l'Etat, alors qu'en tout le christianisme fait appel à l'individu. Mais peut-être la Pourpe avait-elle introduit un

(1) Toutes les attaques de M. de Mun à la bourgeoisie, au capital, au libre travail, à la société présente sont à peu près copiées en entier dans Louis Blanc. Voyez surtout ses discours aux cercles catholiques et à l'association de la jeunesse catholique. Voici un passage de l'un de ces discours. « Voilà le grand problème de notre temps. Au lieu de tant s'enorgueillir, je voudrais voir ceux qui nous attaquent l'envisager en face et jeter un regard sur ces femmes, ces hommes et ces enfants devenus, comme un bétail humain, les esclaves de l'industrialisme moderne.

« Telle est la plaie saignante où votre cœur doit porter le remède. Il faut que cette date de 1889, cet anniversaire de la Révolution soit le point de départ d'une révolution nouvelle. La première a été faite par la bourgeoisie et à son profit exclusif ; la vieille aristocratie lui avait prêté les mains pour s'élever jusqu'à elle. Arrivée à la première place, elle a refusé aux autres, pour qu'ils puissent s'élever à leur tour, la main qu'on leur avait tendue (Applaudissements), elle a tout promis à la France et ne lui a rien donné qu'une forme abâtardie du parlementarisme. Des besoins nouveaux surgissaient ; elle ne les a pas compris : elle est restée la féodalité bourgeoise contre le peuple prétendu souverain. »

nouveau christianisme dans la bande boulangiste, ou s'admirait cet ancien officier.

Je doute que l'on me contredit, si j'affirmais que les cinq opposants du dernier empire valaient mieux pour l'œuvre qu'ils poursuivaient, que les 100 ou 150 opposants d'aujourd'hui pour la leur. Et si la droite a tort de repousser les Depeyre et les Ernoul, la gauche n'a pas plus raison de rejeter un Lamy et un Leroy-Beaulieu. J'observais naguère qu'un apprentissage est exigé pour creuser une paire de sabots, tandis que le plus ignorant semble apte à décider sous tous rapports du sort de ses concitoyens. Il serait du moins bon de ne pas exagérer cette différence. Serait-il réellement suffisant qu'on eût pris le temps de quitter ses bottes de chasse ou ses habits de fête, si ce n'est sa veste de club ou de cabaret, avant d'entrer au Palais-Bourbon ? D'autant que l'on ne devrait jamais oublier que les masses des populations résistent difficilement ou peu de temps à se laisser corrompre et à s'en remettre à la force, c'est-à-dire à la tyrannie, pour voir triompher chacun de leurs désirs. Rien n'est plus utile que de penser, avec Montesquieu, que l'on confond trop le pouvoir du peuple avec la liberté du peuple. Aussi importe-t-il beaucoup de combattre l'ignorance et la faiblesse des gouvernants qui vont jusqu'à céder aux passions ou aux hasards, pour s'épargner de passagères difficultés, comme il en est souvent en ce moment parmi nous. Qui ne le voit à l'égard notamment de la liberté du travail et du respect de la propriété, ces premiers droits, ces premières nécessités pour tous de l'aisance et du travail lui-même, ces premières garanties d'ordre et de sécurité ? Lorsque Sénèque remarque qu'on prend une femme sans l'examen qu'on apporte à l'achat d'un âne ou d'un cheval, il y voit au moins l'avantage des mariages, qu'il n'est pas sûr qu'on fît différemment. *Patriam unice dilexi*, — qu'on me pardonne mes citations ; je les aime trop, et j'aime trop à m'autoriser des autres pour n'en pas faire, — écrivait Pierre Pithou dans son testament, au milieu pareillement de la confusion des partis ; mais nos législateurs ne parlent point latin.

Je signalerai encore une différence de l'honnêteté et de la science d'avec l'ignorance et la forfanterie. Celles-ci promettent tout sans effort, ni mérite ; celles-là s'adressent avant tout à l'étude et à la sagesse. Elles ne font espérer que ce que l'on a mérité. Elles estiment même, et c'est le complément d'une pensée que j'exprimais précédemment, que, les meilleures conditions économiques, par exemple, fussent-elles réalisées, un constant travail, d'abondants capitaux, la franchise des échanges, la paix, l'absolu respect des biens acquis, l'habitude de l'épargne et de toute prévoyance, le *self government*, au sein du savoir et de la dignité qu'il impose, de faibles taxes, n'empêcheraient pas tous les maux. Ne doit-on pas tenir compte des saisons et des accidents ?

CHAPITRE II

Je ne dirai pas que notre constitution ait été préparée par de longues méditations et de sérieuses recherches. Mais, une fois promulguée, les docteurs ne lui ont pas manqué. Tous la font reposer sur la souveraineté du peuple, manifestée par le vote universel, et leur avis commun, c'est encore que ce vote constitue, pour chaque peuple, un droit naturel, primordial, sans expliquer toutefois comment il en est ainsi. Ils trouvent que c'est certain par soi-même, ajoutant seulement que promulguât-on, à l'exemple de la Convention, 11.210 lois, appuyées sur un pareil vote, elles ne sauraient toutes ensemble, le voulussent-elles, porter atteinte à cette constitution. Bien plus, la plupart de ces docteurs certifient à ce propos, que nul être antérieur, ni supérieur à l'homme n'existe. Car il ne leur paraît point nécessaire qu'il en soit autrement pour que chacun de nous possède un droit naturel ou primordial. Ils ont lu les tables du Sinaï sans qu'aucune main les ait écrites. Et ce qui n'est pas moins surprenant, c'est qu'ils affirment, pour mieux rassurer dès qu'il ne s'agit plus de la Constitution, que les lois ordinaires décrétées chaque jour, en vertu de la souveraineté du peuple ou du nombre, qu'ils disent souvent infaillible, peuvent tout, disposent de tout, créent seules le droit. Ce sont d'habiles gens.

Ils ne tiennent nul compte, du reste, des nécessités sociales, résultant de la nature des choses et de l'état de la civilisation. Nos connaissances, nos ressources, notre milieu, l'expérience, l'observation ne leur sont d'aucune considération. Le *Contrat social* à la main, s'ils lisent quelques livres, ils ne démordent pas de leurs aphorismes, et prouvent au besoin qu'ils ont raison en faisant taire leurs contradicteurs. Quand un publiciste républicain disait récemment : la souveraineté du peuple doit « signifier qu'il n'y a point de forme définitive de gouvernement... Elle est indépendante de la forme élective du gouvernement... Cette forme élective du gouvernement pourrait produire des effets tout différents de ceux qu'on en attendait et devenir aussi mauvaise qu'une autre (1) », ils ne lui ont point répondu, le trouvant sans doute inutile. Ils ne soupçonnent même pas que le nombre, s'il était laissé à sa propre direction, irait de toute certitude aux choses surannées, aux ordres tyranniques, parce qu'ils sont les plus conformes à ses médiocres visées et à sa trop complète ignorance. Le très remarquable publiciste que je viens de citer écrit cependant encore : « Je comprends que l'avénement des multitudes ignorantes au pouvoir soit accompagné d'un abaissement de la pensée, que les lettrés négligent et insultent même la science, afin de flatter la multitude dont ils briguent les suffrages (2). » Mais nos docteurs ne s'inquiètent pas non plus de cela, bien que ce soit ce qui fait autant redouter aujourd'hui le vote universel

(1) M. Courcelle-Seneuil, *Esquisse d'une politique rationnelle*.
(2) M. Courcelle-Seneuil, *Traité d'économie politique*, t. I, p. VII et VIII.

au parti libéral de la Belgique, et ce qui faisait que les libéraux de la Restauration s'effrayaient de l'extension des scrutins proposée par « la réunion cardinaliste. » La grande lévrière du xvi° siècle se peut toujours rencontrer, et Lucain, puisque j'en reviens aux citations, ne se trompait pas en signalant ce qui suscite de préférence l'admiration des sots (1).

Que les docteurs du droit naturel, de l'illimitée souveraineté du nombre et de l'infaillibilité des votes sont donc heureux de se comprendre et de croire à leurs déclarations! Leur malheur, c'est de se disputer sans cesse entre eux. Le moyen de faire accepter leur *credo* du public, en se querellant, en s'attaquant, en se combattant de leur poteau de départ à leur poteau d'arrivée, afin de se dépasser et de se renverser! Ils ne pensent pas assez qu'on les regarde et qu'on les écoute.

Chacun s'en convainc surtout à certains jours décisifs, aux jours d'élection, par exemple. Comme ils se traitent alors et traitent aussi le vote universel et les droits primordiaux! Accoutumés aux clubs, aux estaminets, aux estrades et aux autres lieux moins avoués, ils révèlent à ces jours toute leur jactance, sans assez cacher leurs convoitises. Ils encensent les foules dont ils se font des marche-pieds, jusqu'à ce qu'elles les chassent à force de mépris et de dégoût. Ne leur dites pas que le vote universel, issu d'un droit naturel ou non, dépend forcément du bon plaisir de ceux qui le consti-

(1) *Omnia enim stolidi magis admirantur,*
  Inversis quæ sub verbis latitantia versunt.
  Veraque constituunt quæ belle tangere possunt
  Auris et lapido quæ sunt fucata sonores.

tuent, quant à l'âge et au sexe des électeurs, quant à l'égibilité des candidats et au temps, au lieu, à l'organisation et à la vérification des scrutins. Cela ne les a jamais préoccupés et peut-être ne s'en doutent-ils pas. Car nul souverain n'est plus serviable ni plus accommodant, et, malgré son universalité, ne se réduit autant. Ainsi, il ne compte chez nous qu'un électeur sur quatre personnes, consulté seulement tous les quatre ou cinq ans, sur des questions qu'il ignore ordinairement, ou sur des gens qui lui sont étrangers. On dirait une idole en camisole de force. Et les comités ! les agences ! les caucus ! les fonctionnaires ! les débitants ! les assujettis ! les meneurs ! les énergumènes ! sans parler des promesses et des menaces, des mensonges ou des distributions, qui se croisent alors de toutes parts. Dès le lancé, la meute s'élance, les rabatteurs pénètrent aux fourrés, les piqueurs sonnent sur les allées, les chefs d'équipage courrent au débucher, les assistants suivent, et après les retours ou les quêtés vient l'hallali et commence la curée.

En chasse et chasse heureuse !

C'est, je crois, ce qui avait séduit Caligula, véritable fondateur du vote universel à Rome. Grâce à lui, les tribus, on le sait, se rendaient aux scrutins entre le *sequester*, qui les guidait, et les *divisores*, qui leur répartissaient l'argent fourni par les candidats. Il avait tout prévu et chacun lui en était reconnaissant. Juvénal a tort, en conséquence, lorsqu'il laisse entendre que la République se distinguait par la vente des suffrages, dans l'unique passage où il en parle ; l'Empire la valait bien sous ce rapport. Presque entre les deux, Cicéron écrit que l'argent n'avait plus de prix en temps électoral. L'intérêt monta en vingt-quatre heures, en effet, de 4 à 8 pour 100, en 699, le tribunat étant très disputé entre les partis de César et de Pompée. Quant à Lucrèce, il s'en tient à déclarer que les plus grossières paroles sont ce qui réussit le mieux près des foules.

Je ferai remarquer, du reste. que l'Amérique, que nous croyons constamment copier, n'a jamais aperçu dans le vote universel, qu'elle rejette, en outre, dans plus d'une circonstance, un droit naturel ou infaillible. Elle ne l'a pris et ne le prend encore que pour un moyen ordinaire de consultation, chose plus raisonnable (1). Nous laissant les transcendances, les conceptions surhumaines, les Sinaï politiques, elle a poussé son respect de l'utile et du sensé jusqu'à vouloir un tribunal dont la mission fut d'annuler chaque mesure dépassant les étroites limites marquées à ses législateurs et à ses gouvernants. Attentive au bon fonctionnement de sa constitution et de ses services publics, il ne lui a point plu d'acclamer à grand bruit la liberté après avoir préparé le despotisme anonyme et irresponsable des multitudes. Le pire des despotismes, parce qu'il en est le plus violent, et le plus inconscient. L'Amérique n'a voulu, dans aucun temps, de l'absolu, ni de l'incompréhensible ; elle n'a jamais su ce qu'est une charte traitée à la façon d'un théorème de géométrie descriptive, dont les plans sont en l'air. Elle ne regarde point son peuple comme un

---

(1) « En Amérique, la majorité n'est pas souveraine en tout ; il y a des actes qu'elle ne pourrait faire sans devenir factieuse. »
JOHN ADAM.

peuple messie créé pour l'imaginaire et l'idéal, sans attaches avec le passé, sans rapport avec son milieu, sans différence entre les membres qui le compose. C'est le gouverneur Morris qui écrivait de Paris à Washington : « La périlleuse doctrine affirmant que la volonté publique, exprimée par une majorité numérique, doit toujours être obéie, vient d'une confusion perverse des idées et conduit à des résultats horribles. La majorité numérique non seulement peut, mais veut souvent ce qui est injuste et faux. » Il lui écrivait encore quelquelques jours avant la prise de la Bastille. « Pour cette fois, la révolution est manquée... Ils veulent une constitution américaine avec un roi au lieu d'un président, sans réfléchir qu'ils n'ont pas de citoyens américains ; ils n'ont aucun sentiment des vices et des dangers de la démocratie. » Il mandait enfin, en 1794, au gouvernement américain, qu'il représentait en France : « J'ai toujours remarqué que Paris conduit la France et que la populace conduit Paris », pensant de nouveau que « ceux qui cherchent d'Europe leurs formes politiques en Amérique, ne sont pas différents des tailleurs de l'île de Laputa, qui prenaient leurs mesures avec un quadrant. » Nous préférerions pourtant, nous, je crois, le tailleur de Macaulay, qui prenait les siennes pour tous ses clients sur Apollon. Quand Méphistophélès a fini d'écouter les merveilleuses conceptions de l'étudiant de Faust : « Tu es Français, lui dit-il. »

Mais ce n'est pas assez que la France obéisse aux théories qu'il nous plaît chaque jour d'inventer, le monde entier s'y doit soumettre. Ne sommes-nous pas le peuple messie dont je parlais à l'instant, les *hu-*

mani generis pedagogi? C'est pourquoi les nations et les races, où qu'elles se trouvent et à quelque degré de civilisation qu'elles soient parvenues, se doivent empresser d'accepter nos décisions. Demandez en ce moment à tout chef populaire ou socialiste, ce qu'il en pense, quelque différents qu'ils soient entre eux. Nous avons décrété, sans qu'on nous en priât, les droits de l'homme, ce n'est pas pour rien. Et si M. de Maistre affirmait n'avoir rencontré dans ses voyages, au lieu de l'homme, que des Italiens, des Français ou des Russes, c'est qu'il avait eu la plus triste chance.

Je le disais, cependant, un jour en traitant dejà du vote universel et en faisant valoir nos mérites : aucun de nos électeurs, c'est assuré, ne laisse à reprendre, dans sa vie privée ou publique. Le moindre est un homme d'État et un grand homme. On l'affirme les jours d'élection, et je le crois, pour moi, la veille même et le lendemain de ces jours. Mais des Abyssins et des Cochinchinois! Pourquoi leur faire aussi cadeau de nos droits primordiaux ou naturels, dont ils n'ont jamais entendu parler de leur vie, comme, après tout, beaucoup d'autres en Europe? Qu'ils emploieraient mieux leur temps à apprendre l'a b c qu'à marcher en troupe aux scrutins! Logiciens émérites, nous levons de pitié les épaules au souvenir des scolastiques, et, nos premices posées, nous raisonnons absolument comme eux.

Le confesserai-je? Je serais très embarassé d'expliquer ce que nos gouvernants ou nos législateurs entendent par la politique scientifique, dont ils ne cessent pourtant aussi de se réclamer. La science n'invoque que l'expérience et l'observation, ses deux seuls moyens d'investigation, ses deux seules bases. Elle procède, non par bonds et escalades, au hasard des caprices, mais par l'étude, l'analyse, les comparaisons, persuadée au surplus que les lentes et successives transformations sont uniquement durables et bienfaisantes. J'ai peur que la politique scientifique de nos maîtres ne soit leur bon plaisir. Ils me font toujours souvenir, lorsqu'ils en parlent, de l'astrologie d'avant Copernic, de l'alchimie d'avant Lavoisier, du mercantilisme et un peu de la physiocratie d'avant Adam Smith, de Rousseau plutôt que de John Stuart Mill. S'ils lisaient quelque chose, je les engagerais à lire ces paroles d'un très pur républicain et de l'un des plus sûrs esprits scientifiques que je connaisse : « Les majorités, quelques considérables qu'elles soient, et les peuples tout entiers peuvent se tromper, et c'est pourquoi le nombre des suffrages n'a jamais aucune valeur autre que celle que leur donne la loi. Ce qu'on appelle la loi des majorités n'a été adopté que parce qu'elle était le moyen décisif qui, entre égaux, présentait le moins de prise aux objections et aux querelles (1). »

(1) V. M. Courcelle-Seneuil, *La Politique rationnelle.* — « Être collectif où la petite élite intelligente est noyée dans la grosse multitude brute, de tous les jurys, c'est le plus incomplet, le plus aisément affolé et dupé, le plus incapable de comprendre les questions qu'on lui soumet et le plus incapable de comprendre la conséquence de ses réponses... Simple troupeau de moutons, dont on peut toujours escroquer, ou violenter le vote... L'élite la plus sage s'en détourne... En Angleterre, les plus imposés ont un surplus de voix, jusqu'à six pour un votant. En Prusse, les contribuables sont divisés en trois classes. La troisième, très nombreuse, composée de petites cotes, n'a pas plus de voix que la première, composée de grosses cotes, ou que la seconde, composée des moyennes. » V. M. Taine, *Origines de la France contemporaine*, t. I, p. 36 et suiv.

Tout en niant le droit naturel, je recommanderai à tous de rechercher et de suivre les lois naturelles, choses fort différentes. Car c'est sur ces lois que se peut seulement appuyer la politique scientifique. Alors que le droit naturel est une pure rêverie, la science a pour première mission en effet, de découvrir et d'enseigner les lois naturelles. Nulle science n'existerait même sans lois réglant à toujours les hommes et les sociétés, comme l'univers. L'ignorance seule s'en remet au hasard, à l'aventure, repousse « les rapports qui dérivent de la nature des choses (1) ». Seulement notre liberté nous permet d'enfreindre les lois naturelles, individuelles ou sociales, qui nous devraient toujours régir, tandis que le monde extérieur reste, quoi qu'il advienne, soumis aux siennes. Mais alors même que nous oublions ces lois ou que nous nous révoltons contre elles, elles se révèlent encore par les maux qu'entraînent ou cet oubli ou cette révolte.

Beaucoup veulent que le droit naturel, cette triste conception du monde ancien et de Rousseau, au nom duquel se sont produites tant de sottises et commis tant de crimes, ait son siège dans notre conscience. Mais rien n'est plus divers que les consciences humaines. Le cannibale mange sans remords son semblable, et qui de nous se croirait une conscience supérieure à celle de Bossuet et de La Bruyère, dont l'on connait pourtant l'éloge de Louis XIV pour la révocation de l'édit de Nantes ? En ce moment, tous les socialistes se réclament pareillement du droit naturel, pour nous ramener à la servitude et à la misère. Et c'est parce qu'ils nient les

____

(1) Montesquieu.

lois naturelles de la production et de la distribution de la richesse, respectées par l'économie politique, qu'ils accusent autant cette science, en se refusant à l'étudier. Ne dirait-on pas néanmoins qu'une force intérieure nous pousse vers la vérité, sous la conduite de la science, quelque obstacle qu'elle rencontre ? Au milieu de nos ignorances, de nos monstrueux excès de pouvoir, de notre socialisme d'Etat insensé, les franchises de la pensée et de l'expression de la pensée, les plus précieuses de toutes, puisqu'elles permettent d'acquérir les autres, s'étendent et se propagent chaque jour.

Toujours est-il que Socrate s'étonnait, à propos des votes de ses concitoyens, que l'on choisit « les magistrats d'une république au moyen d'une fève, quoi qu'on se gardât de le faire pour un architecte, un pilote, un joueur de flûte ». Il ne nous dit pas malheureusement si les chefs établis excellaient dès lors à disposer de la fève, car il sied toujours de s'en informer. Au reste, afin de ne pas revenir sur l'apprentissage obligé pour une paire de sabots, ou sur les nécessités imposées pour la direction d'une usine ou d'une ferme comparées à celle d'un Etat, — chose autrement compliquée et pour laquelle l'erreur est autrement grave, — j'avouerai que je serais plus accommodant si c'était vraiment le nombre qui décidât avec le vote universel, et non, comme il en est d'habitude, une minorité. Ce qui semble après tout original.

Je n'insisterai pas en cela sur ce que nous n'avons qu'un électeur sur quatre personnes, ni ne remarquerai que la majorité se compose parfois d'un seul individu. Mais citez une loi politique importante, un acte gouvernemental considérable qui ne soient pas le fait de peu, de très peu de personnes, surtout aux époques troublées. Que les pièces représentées sont donc souvent contraires aux affiches qui les annoncent! Que de brillants costumes dissimulent de pauvres nudités! Dans nos Chambres elles-mêmes, sous notre gouvernement régulier, en pleine paix publique, n'est-ce pas le parti le moins nombreux et le plus redouté, je crois l'avoir déjà fait observer, qui dicte surtout ses volontés et impose ses préférences? Il crie, s'agite, outrage, menace; cela suffit pour qu'il triomphe, se sachant au besoin appuyé des trente ou quarante mille repris de justice constamment prêts, à Paris, à représenter depuis un siècle la souveraineté du peuple. Encore une fois, la grande lévrière du passé n'a pas disparu et ses meneurs sont restés les mêmes. Ils ont seulement aujourd'hui des allures de théâtre, des boniments de tréteaux que ne possédaient pas leurs devanciers, moins pressés qu'eux de faire des recettes. Ce qui frappe pareillement à notre époque, c'est que ces meneurs sont les candidats choisis de nos centres les plus renommés du travail, du crédit, des lettres, des sciences et des arts. Il le faut reconnaître, cela aussi est original.

L'un de ces élus, jacobin de race et d'importance, se révélait, il y a quelques années, un chapeau mou sur la tête, un gilet à la Robespierre sur la poitrine, en criant au Tzar, notre hôte à ce moment : Vive la Pologne, monsieur! Devenu, grâce à la droite, président de la Chambre, puis du Conseil, après fortune faite, il a conservé son orgueil, ses agitations, ses incohérences, ses ambitions, qu'égale seule, ce semble, son incapacité. Il voulait, au dernier Congrès, passer président de la République ; par malheur la droite lui a manqué. Aussi s'apprête-t-il à en appeler de nouveau aux passions démagogiques et reviendra-t-il bientôt aux extravagantes réformes qu'il a tant réclamées, sans jamais les expliquer. Je dirai d'ailleurs que ses dîners, servis au milieu de rares curiosités, sont justement appréciés, et ne composent point son seul luxe. L'on a pu notamment admirer sa majestueuse prestance quand, aux applaudissements de ses amis, dévoués autant que lui aux franchises publiques, il s'écriait du haut de la tribune parlementaire, durant son ministère : « Je réponds de mes actes devant ma conscience ; ce que je fais est bien fait. » *Sic volo, sic jubeo, sit pro ratione voluntas*, disaient les empereurs romains.

Je suis maître de moi comme de l'univers.

Et qu'il plaisait encore lorsque, après avoir « contemplé tes flots bleus, ô Méditerranée », il adressait aux dames favorisées du *banquet de la Bastille* ces tendres et correctes paroles : « Je ne m'attendais pas à l'aimable surprise qui m'a conduit ici. » L'on prétend qu'il vise à l'Académie ; je n'en suis point étonné.

Je ne sais pourquoi je ne songe en toute occasion à ce radical, ainsi qu'à beaucoup d'autres, sans me rappeler leurs aïeux, illustres législateurs aussi, qui fort lestement ont jeté leurs costumes, couverts encore de sang, aux vestiaires abandonnés, pour revêtir avec déférence les livrées de l'Empire et de la Restauration. A peine ont ils pris le temps de se saisir de la savonnette avant de se titrer de baron, de comte ou des plus hautes dignités grassement rentées.

Mais l'on ne peut plus se fier à rien. Les radicaux ennuient souvent à présent autant qu'ils effraient. C'est à eux qu'est due la boulange... J'allais oublier mon sujet et j'y reviens. Traitant du vote uuiversel, il est au fait pardonnable de franchir quelquefois les bornes qui l'enserrent. Combien l'on aime à sortir de certains chemins obscurs, pour jouir des heureux sites qui s'aperçoivent à l'horizon ! Je veux dire que, malgré les mérites qu'on lui découvre, ce vote a de pleine certitude été trop tôt proclamé parmi nous. Les plus merveilleuses inspirations ne m'empêcheront jamais de croire qu'il faille comprendre pour décider, en accordant seulement que ceux qui peuvent comprendre, doivent pouvoir décider. Or, ce sont là les deux principes électoraux, à mon sens, les plus sages, les meilleurs à suivre, et j'ajouterai qu'il est encore sage de demander à l'expérience et à l'observation d'indiquer ceux qui peuvent comprendre.

Ne pensez pas toutefois que je prétende supprimer en France le vote universel ; je tiens, au contraire, que ce serait une folie et un immense danger. Voilà quarante ans que nous le possédons, nos populations y sont habituées et veulent le conserver. Ce qu'il convient de rechercher, c'est, non de l'abolir, mais d'en corriger autant que possible les défauts ; ce qui vaudra toujours mieux que de spéculer sur eux. Il faudrait, d'une part, former pour cela les électeurs aux pensées et aux actes publics, en s'appliquant à élever leur intelligence et leur moralité, en leur remettant sans retard la gestion des affaires auxquelles ils sont aptes et que leur retire notre détestable centralisation. Ce n'est pas au despotisme, et la centralisation en est l'œuvre la plus achevée, à rendre capable de la liberté. D'autre part et en second lieu, il importerait d'établir deux degrés de votants, puisque cela a toujours et partout réussi. Les masses populaires, étrangères aux questions législatives et politiques, connaissent les hommes capables et dignes qui vivent près d'elles ; qu'elles les élisent. Et que leurs élus choisissent à leur tour les sénateurs et les députés, sans que les sénateurs dussent tous pourtant être nommés par ces seconds élec-teurs. Je croirais excellent, je l'avoue, que plusieurs d'entre eux fussent désignés par les académies et les grands corps de l'Etat, nous fallût-il, pour cela, renoncer à nos idées d'uniformité et de transcendance

Nous contemplons l'obscur, l'inconnu, l'invisible !

Mais peut-être devrions-nous penser qu'avec la nouvelle organisation industrielle et sociale des nations, leur gouvernement est plus que jamais affaire de réflexion et de science.

Tout républicain qu'il était, Sismondi demandait, à propos du vote universel, s'il est plus difficile de savoir lequel tourne, du soleil ou de la terre, que de juger sainemènt de la législation civile et criminelle d'un Etat, de sa diplomatie, de son administration, de ses intérêts sociaux, et il n'était pas rassuré sur la rotation décrétée par ce vote. « Le peuple, dit de son côté M. Renan, qu'on ne peut non plus récuser, ... souverain aussi borné, aussi étourdi, aussi accessible à la calomnie, aussi facile à surprendre,... supporte plus difficilement encore l'aristocratie de la raison que celle de la naissance et de la fortune (1). Enfin, « si la démocratie à l'avantage de ne laisser aucune classe de citoyens en dehors des fonctions publiques, écrit M. Courcelle-Seneuil, elle a, par contre, l'inconvénient de faire naître chez le peuple un sentiment très vif et très exagéré de sa puissance, qu'il mesure volontiers par le nombre, et un sentiment très faible de sa responsabilité ». Ce sont là les pensées qui causaient tant de frayeur aux fondateurs de la république américaine, et qui font douter encore Sumner Maine de l'avenir des pouvoirs populaires. Mais je vous prie, lequel de nos politiciens songe à Washington ou à Jefferson et connaît même le nom de Sumner Maine ? Au risque de les surprendre davantage, je dirai que les réformes que je désirerais aideraient à faire tenir les élus, comme on commence à enseigner que ce doit être, non pour les représentants des électeurs, ce qui d'ailleurs n'est pas possible, mais pour les plus capables et les plus honorables. Chose peu flatteuse, je l'admets, pour les autres maintenant (2). Aurais-je tort d'ajouter que nos sessions parlementaires sont trop longues et que notre pouvoir exécutif gagnerait à être plus fortement constitué, comme il l'est aux Etats-Unis et en Angleterre ? Ne devrait-on pas aussi, allant jusqu'au gouvernement direct de la démocratie, admettre parfois, comme en Suisse, le *referendum*, et, en s'en éloignant, réserver, comme en Angleterre encore, le droit des minorités ? Je le crois.

(1)....Un souverain aussi borné, aussi étourdi, aussi accessible à la calomnie, aussi facile à surprendre que le peuple représenté par le suffrage universel, dit M. Renan.

(2) J'engage surtout à prendre connaissance d'une lecture et d'une discussion sur cette question, qui ont eu lieu en 1890 à l'Académie des sciences morales et politiques.

Je terminerai ce chapitre en faisant observer que le vote universel, considéré et pratiqué ainsi qu'il l'est ordinairement, engage les multitudes à se persuader qu'il peut en tout disposer de leur condition. On le voit de reste en ce moment pour ce qui concerne le travail, la richesse, le salaire ou le profit, la propriété ou la vie ouvrière. Ces multitudes imaginent que l'État, basé sur ce vote, décide de tout. Elles ne comprennent pas que la constitution économique des sociétés repose sur des lois immuables, qui se peuvent sans doute contredire, je l'ai reconnu précédemment, mais seulement en créant la ruine et la misère. Et combien de gens lettrés, je n'ose pas dire instruits, pensent aussi devoir faire intervenir l'État dans la production et la distribution de la richesse, en se croyant sages, parce qu'ils sont inconséquents ! Ils déclarent le travail et les conventions libres, les profits et la propriété privée assurés, par exemple, et aussitôt proclament que l'État doit garantir un travail rémunérateur et des conventions équitables. Que deviennent pourtant dès lors la propriété et la franchise du travail ? Ils ne s'en inquiètent pas plus que de savoir ce qui règle le profit, le salaire, la production et la consommation. Ils ne se sont encore jamais douté qu'il y eût des lois souveraines pour les sociétés humaines, ni que les rapports économiques provinssent des ressources et des besoins des populations. Dites-leur donc que de la consommation dépend la production, et que *maxima* ou *minima* n'ont fait qu'appauvrir ceux qu'ils prétendaient enrichir ! Quelle stupéfaction vous leur causerez ! Parlez-leur, s'il vous plaît, du droit naturel.

CHAPITRE III

L'une des plus singulières séances parlementaires que l'on ait vues, est certainement celle où notre dernière chambre des députés a voté, grâce à l'entente souvent renouvelée de la droite et de l'extrême gauche, la révision de notre constitution. Une autre révision venait d'avoir lieu ; mais la droite, qui ne veut pas de la république, et l'extrême gauche, qui veut la république impossible, réviseraient sans se lasser. Par malheur, nos révisionnistes n'avaient pas prévu que leur vote entraînait la dissolution de la Chambre, et qu'ils allaient, par suite, avoir à courir les chances et à solder les frais d'une nouvelle élection. L'on s'en voudrait à moins. Un titre de député cache tant de difformités, ouvre des crédits si faciles ! Le fâcheux, c'est qu'il soit si incertain et si cher à se procurer. Aussi, prévenus par les rires des tribunes, les députés ont-ils presque aussitôt annulé leur vote, en ajournant indéfiniment la mesure qu'ils venaient de décider. Nul corps de ballet ne se serait plus lestement retourné. Je ne me chargerais pas, d'ailleurs, d'expliquer comment une chambre si décriée, honnie, méprisée, s'était imaginé qu'on lui donnerait à refaire la constitution. Elle n'avait su depuis trois ans qu'elle existait, qu'accroître les impôts, les dettes et les déficits, tout en désorganisant les services publics et en satisfaisant ses haines de secte et ses convoitises de parvenu. Ce n'était pas suffisant. C'est l'opinion d'un Américain qu'un homme politique a sa probité à prouver ; j'ignore s'il a jamais passé l'Atlantique ; mais il aurait aisément appuyé son sentiment, à l'époque dont je parle, sur les dossiers de Wilson.

Cette chambre aurait, cependant, pu s'occuper utilement. Elle avait trouvé ses cartons pleins de projets attendus depuis longtemps, soit sur les hypothèques, les frais de justice, les faillites, les justices de paix, soit sur l'instruction criminelle, la liberté individuelle, les rapports des époux, et que sais-je ? Mais elle les y a laissés, et la chambre actuelle ne semble guère plus pressée de les en retirer. Elle aussi préfère le bruit, la lutte, les interpellations abusives, à d'importantes et utiles discussions. Elle ne se préoccupe pas plus que la précédente, que, après avoir été vers le commencement de ce siècle, en avance des autres peuples sur toutes les parties à peu près de la législation, nous nous trouvions maintenant de plus en plus en arrière d'eux. Et il faut bien l'avouer, sa réputation de savoir et de capacité également, est telle que chacun se félicite de ses négligences. Elle en est effectivement restée en industrie aux privilèges et aux monopoles, en négoce à l'interdiction des échanges, en circulation monétaire au bimétallisme, cette économie politique de mardi-gras selon Michel Chevalier, en administration à la multiplicité des places et des règlements, en finances aux gros budgets, aux dettes et aux emprunts, occultes surtout. Elle favorise les grèves par amour des ouvriers, dont le salaire dépend de la production, réglée elle-même, je l'ai rappelé, par la consommation. Elle attaque le capital au profit de la main-d'œuvre, de laquelle c'est l'aide constant, le plus sûr stimulant. Elle a pour principe arrêté, suivant ses propres déclarations, que le prix du blé n'influe pas sur le prix du pain, non plus que celui d'aucune matière première sur celui des produits fabriqués. Rien ne l'embarrasse, et elle résoud tout de façon non moins heureuse.

C'est pourquoi, lorsqu'une grave discussion vient par hasard à s'engager ou menace de s'engager, il faut voir nos députés s'enfuir dans les couloirs ou courir à la buvette! Et quelles conversations s'y tiennent! L'on s'y croirait volontiers aux foyers des théâtres de banlieue sinon aux coulisses des cafés-concerts. Ils ne se sauraient ramener en séance qu'en leur proposant de renverser les ministres ou le président de la république, fût-ce à l'encontre de la Constitution et du Sénat, qui les laisse toujours faire. John Stuart Mill tient que « c'est une maxime fondamentale de gouvernement, qu'il doit y avoir dans toute constitution un centre de résistance contre le pouvoir prédominant, et, par conséquent, dans une constitution démocratique, un moyen de résistance à la démocratie ». Montesquieu déclare que : « Si le même homme ou le même corps exerçait ces trois pouvoirs : le législatif, l'exécutif et le judiciaire, tout serait perdu. » Mais qu'est-ce que Mill, et qu'est-ce que Montesquieu pour nos élus ? Ils pensent et font juste le contraire de ce que ceux-ci recommandent, passionnés, sans s'y ruiner d'ailleurs, pour l'unité. Les beaux arguments, au surplus, que l'histoire du passé et l'enseignement du présent ! Qu'un syllogisme en règle, d'où ressort, pour commencer, la nécessité de refaire les sociétés, leur est préférable !

Quoi qu'il en soit, un ministère se constituait peu de mois après la tentative manquée de la revision de notre constitution. Chaque trimestre a le sien. Il se composait, à l'ordinaire, de quelques-uns des anciens ministres, renversés la veille, et d'inconnus pris au hasard et grands partisans des hauts emplois. Afin de bien marquer la progression suivie jusque-là, tous les ministres appartenaient cette fois au radicalisme. En avant! En avant! s'écriaient-ils à l'unisson, en conséquence, leurs portefeuilles tant prisés sous le bras. Ils étaient si joyeux, qu'ils n'apercevaient ni l'effroi, ni la pitié qu'ils inspiraient.

Et quand vous pourrez tout, tout vous sera permis.

Mais, ne sachant que faire, ils en sont restés à leurs parades, aux annonces, aux promesses offertes déjà, sans plus s'en expliquer et assurément sans autrement s'en soucier. Seul le ministre des finances de ce singulier cabinet a tenté des innovations, quand il s'est vu renverser. Il a voulu probablement laisser un durable souvenir, et n'y a point failli. Remaniement de la contribution personnelle et mobilière, transformation de l'impôt successoral, changement des prestations en nature, dégrèvement des boissons et, pour tout couronner, taxe du revenu, dont il venait d'apprendre le nom, il s'en est pris à tout. Il a fallu le faire taire pour qu'il laissât subsister un article de nos lois fiscales. Il mettait alors à les détruire l'empressement qu'il avait montré à déposer son tablier d'apothicaire à l'entrée du cabinet des Sully, des

Colbert, des Turgot, des Louis, des Villèle. Son excuse, c'est qu'il n'avait plus à redouter de laisser vide le trésor, ses prédécesseurs y ayant pourvu.

Plusieurs radicaux de marque l'engageaient, du reste, dès son entrée en fonctions, à ne s'en point inquiéter. Ils lui conseillaient, et il goûtait sans doute cet avis, de confisquer les successions collatérales et d'en vendre la partie immobilière par lots de cinq hectares. En gens prévoyants, ils avaient même décidé que chacun de ces lots ne se devrait acquérir que par une personne qui s'engagerait à le cultiver elle-même et à toujours le cultiver. Voilà ce que la tête du radicalisme avait imaginé ! Voilà l'une des *grandes réformes, impatiemment attendues par le pays entier*, au dire constant de leurs auteurs ! Cherchez dans les œuvres de toutes les assemblées célèbres ou des législateurs passés, et trouvez rien de pareil ! Avouez-le, vous n'y auriez pas songé. Le partage du sol en cinq hectares, herbages ou rochers, sable ou terre d'alluvion, il n'importe, avec le rétablissement des castes et du servage de la glèbe, au nom de l'égalité et de la liberté ! Quelle conception ! Quelle conception surtout, jointe à la destruction de la famille, dont les successions et la propriété constituent de toute certitude la base matérielle, jointe à l'oubli dans la richesse présente de la fortune mobilière, ainsi qu'à la félicité des populations par l'accroissement de l'impôt ! Il n'est que le radicalisme pour de telles découvertes. Si vous souhaitiez, aussi bien, certains éclaircissements sur de si beaux desseins, vous les obtiendriez facilement du chef attitré de ce parti, qui les avait approuvés. Vous le rencontrerez sans embarras tous les matins au Bois, comme les soirs en général au foyer de l'Opéra, à moins qu'il n'y ait une première représentation à quelque autre théâtre ; car il les suit assidûment. Il ne vit que pour les masses populaires.

Un autre radical important, du moins à ses yeux, est à connaître. J'en parle parce c'était l'un des collègues, au ministère, du pharmacien que je rappelais tout à l'heure. Malgré sa bonne opinion de lui-même, ce radical a lassé ses électeurs et les juges ; il lui a fallu renoncer à la Chambre et au Palais. Réfugié maintenant au Sénat, il trouve que tout va mal et de mal en pis, s'offrant sans cesse pour tout sauver. Discours acerbes, articles de journaux à court de copie, plaintes, récriminations hargneuses, conseils incessants, il n'épargne rien. Ce n'est pas Job pleurant humblement sur ses maux ; c'est Jérémie accusant les autres et prédisant d'effroyables ruines, s'il ne reprend bientôt le pouvoir. Ridicule de petitesse, il monte sur chaque escabeau pour mieux répandre son fiel dans le vide qui se fait de plus en plus autour de lui. Il s'est dévoué au public jusqu'à sacrifier les opinions libérales, dont il s'était d'abord fait le défenseur, au despotisme révolutionnaire, qu'il sert à présent. Le croirait-on ? Des pères regrettent les franchises de l'enseignement, des femmes vont à la messe, quel danger ! et comment le souffre-t-on ? Si l'on continue à ne le point écouter, l'on s'en repentira.

Je vais beaucoup surprendre nos politiciens, mais c'est incontestable, nos meilleures Chambres et nos plus dignes ministres, ont été les Chambres et les ministres de la Restauration. C'est la plus grande époque de la

France parlementaire ; aucun homme instruit et impartial ne me contredirait. Je n'ai pas besoin d'ajouter que de nos divers gouvernements, la Restauration est le seul qui nous ait donné de bonnes finances, persuadée que des finances publiques dépend en grande partie la fortune sociale, dont les sources resteront toujours l'épargne et le travail. Au milieu de la superbe efflorescence littéraire, scientifique, artistique, que la Restauration a value à la France, ses chambres peu nombreuses, comme elles le sont dans les Etats le mieux organisés, et guidées par des hommes tels que les Richelieu, les Louis et les Villèle, nous ont procuré nos plus sûres libertés et le retour de notre grandeur. Il ne leur a manqué que les connaissances économiques, ignorées de tous alors, et qui ne manquent pas moins à présent à notre parlement et à nos gouvernants.

Mais il s'agit bien de la Restauration et des conditions politiques et économiques des peuples !

Suivant le vent qui souffle, il nous faut naviguer.

Je recommanderai toutefois à nos parlementaires et à nos gouvernants d'aujourd'hui cette page de Napoléon sur le 18 brumaire : « Lorsqu'une déplorable faiblesse et une versalité sans fin se manifestent dans les conseils du pouvoir, lorsque cédant tour à tour à l'influence de partis contraires et vivant au jour le jour, sans plan fixe, sans marche assurée, il a donné la mesure de son insuffisance, et que les citoyens les plus modérés sont forcés de convenir que l'Etat n'est plus gouverné, lorsque, enfin, à sa nullité au-dedans, l'administration joint le tort le plus grave qu'elle puisse avoir aux yeux d'un peuple fier, je veux dire l'avilissement au dehors, alors une inquiétude vague se répand dans la société, le besoin de sa conservation l'agite, et, promenant sur elle-même ses regards, elle semble chercher un homme qui puisse la sauver. » Au temps de Napoléon, l'industrie et le crédit n'avaient pas cependant leurs exigences actuelles. Je fais cette remarque parce que le travail et la richesse, qui comptent tant dans la vie des peuples modernes, ont cessé, depuis peu, de suivre en France leurs précédents progrès et ceux qu'ils ont accomplis chez les autres grandes nations industrielles.

Désemparée, battue des vents et des orages, faudra-t-il donc toujours que la France coure des bordées d'aventure ou de désespoir ? Elle cherche l'ordre dans la liberté, la paix dans la dignité, l'aisance dans le travail et pas un homme ne lui dit, comme Jean de Witt à sa patrie, la voyant livrée aux bandits et aux cabotins : « Sache qu'il ne faut pas une république en l'air... *Esto perpetua* ! »

Au fait, Champfort avait peut-être raison : « Une bonne révolution ne peut se faire que par des gredins qui ne s'embarrassent pas d'une morale timide. » La question serait seulement de savoir ce qu'est une bonne révolution. Car, revenu de nouveau à mes citations, je rappellerai ici cette pensée de Tocqueville : « J'ose dire que les résultats de la révolution ont développé plutôt que contredit l'ancien régime. » Et je reproduirai cette autre pensée de Fustel de Coulanges, le plus grand historien de ce siècle : « Les idées et les théories ont eu peu d'action dans tous les temps pour l'amélioration de l'espèce humaine »; ce que répète Herbert Spencer. C'est que rien ne s'établit ni ne dure sans base matérielle, et que tout se tient, se relie ensemble chez un peuple.

CHAPITRE IV

Je ne m'attarderai plus au général Boulanger, ni à la boulange ; mais je ne saurais m'empêcher de faire quelques observations sur notre organisation militaire dans ses rapports avec nos institutions politiques et notre constitution sociale. Je laisse à d'autres, aussi mal préparés pour cela que moi, à décider de ses effets pour notre défense ou nos moyens d'attaque.

Avec nos multitudes armées, sans cohésion, sans traditions, répandues, contre leur désir et au risque d'une extrême démoralisation, jusque dans nos moindres cités, s'entretiennent partout des usages et des pensées de caserne. D'innombrables officiers se montrent aux chasses, aux fêtes, aux promenades, aux courses, comme aux camps et aux manœuvres. Le parti républicain se proposait de rabaisser l'élément militaire ; il l'a démesurément rehaussé. Aidée de nos antécédents et de notre esprit, une épaulette vaut une dot maintenant. Le Sénat attire les généraux, et il se pourrait que les anciens officiers eussent prochainement une influence marquée sur chacune de nos élections. L'on va rarement au but marqué lorsqu'on s'aventure en des chemins inconnus. Les conservateurs eux-mêmes avaient-ils prévu que les séminaristes auraient *le sac au dos*, quand tous les Français seraient appelés au service ?

Plusieurs d'entre-eux n'avaient pas non plus songé, j'imagine, que, devenus alliés d'ardents socialistes, ils injurieraient l'armée, lorsqu'elle sauvait l'ordre contre des foules trompées et soudoyées. Et peut-être auraient-ils dû prévenir leurs électeurs de leurs nouveaux sentiments.

A l'opposé de la Prusse après Iéna, de la Russie après Sébastopol, de l'Autriche après Sadowa, occupées alors à panser leurs blessures et à refaire leurs finances, nous n'avons cherché, depuis 1870, qu'à multiplier nos régiments et nos vaisseaux, nos arsenaux et nos forteresses. Loin de comprendre que la fortune soit devenue le principe de toute puissance, nous n'avons cessé d'augmenter nos impôts et de multiplier nos dettes, au risque de nous rendre incapables de la guerre, en nous y préparant.

Et proptes vitam...

Mais j'allais de nouveau faire une citation, et qu'est-ce que Virgile comparé à un capitaine de recrutement? Je veux pourtant remarquer que si la maladie dont *l'Esprit des lois* disait atteints tous les princes d'Europe, sévit plus que jamais chez nous, ce que nous y gagnons principalemeut, ce sont, je crois, les formidables alliances, formées à nos frontières. Je me persuade qu'il nous aurait mieux valu laisser la France à son travail et à son épargne, en l'entendant acclamer de tous les peuples — sinon de tous les gouvernements — reconnaissants de son œuvre de paix et de concorde, que de la transformer en un immense camp, cerné de toutes parts. D'autant que nous venons, à force d'ignorance économique, de nous séparer encore par les douanes des Etats étrangers, alors que des unions commerciales les rapprochent davantage entre eux. Vous assurez garantir la paix par ces razzias de populations entières et ces dépenses insensées ; écoutez pourtant M. de Moltke : « L'Europe en armes, cela poussera nécessairement aux solutions prochaines. » Et ce n'est pas par respect pour la paix, que M. de Moltke s'exprimait de la sorte, puisqu'il regardait la guerre comme une « chose divine », à l'exemple d'Hégel du haut de son trépied philosophique. Car il n'y a que les philosophes pour révéler les pensées du ciel.

Du moins Hégel ne se pouvait-il pas rendre compte, non pas seulement de l'importance qu'a prise de notre temps, l'industrie dans la vie des peuples européens, mais encore de l'importance très prochaine des nouveaux Etats, surtout des Etats américains, par rapport à l'Europe. Or, tandis que l'Europe compte trois millions d'hommes sous les armes, qui lui coûtent annuellement plus de quatre milliards et demi (1) — et nulle armée n'est aussi chère que la nôtre, ni aussi nombreuse eu égard à la population qui l'entretient — l'Amérique, notamment l'Amérique du Nord, s'adonne uniquement, en nous y rejoignant ou en nous y devançant chaque jour, aux travaux productifs et à l'accumulation des capitaux. Ses soldats ne forment guère qu'une gendarmerie ; et ne vient-elle pas d'organiser sur tout son continent des arbitrages de paix, d'où proviendra plus tard, il le faut espérer, la ces-

(1) Ce sont les chiffres de 1886, singulièrement dépassés aujourd'hui — notre budget de la guerre et de la marine excède de beaucoup un milliard.

sation de ce jeu abominable du mensonge et de la force
qu'on appelle la guerre ? O les grands patriotes à la Dé-
roulède, qui crient, sans autre souci : à Berlin ! en face
des monarchies unies contre nous ! O les grands politiques à la Clémenceau qui s'efforcent sans cesse, pour flatter
les masses populaires, si avides de bien-être et si trompées
sur les moyens de l'obtenir, de détruire chaque élément
conservateur et fécondant des sociétés ! O les grands hommes, qui ne voient rien du mouvement actuel ni de l'avenir des États ! La dépendance des nations les unes envers
les autres, à raison de l'échange de leurs produits, autant
que du placement de leurs capitaux et de l'émigration
de leurs travailleurs ; la solidarité de leurs intérêts incessamment étendue et si inconnue du passé, ne les
ont pas encore frappés. Ils sont demeurés fidèles à ce
qu'un économiste appelait dernièrement le politicia-
nisme, le militarisme et le protectionnisme.

Il les fallait entendre, ces hauts politiciens, répondre
dernièrement à la courtoise visite d'une veuve, fille de
reine et impératrice, par l'injure, la haine, la menace,
dès que leur mise en scène a suffisamment été préparée!
Que leur importaient la France et le monde entier? Ils
s'inquiétaient bien de nous retirer l'amitié d'une grande
nation, d'alourdir le joug de nos anciennes provinces
d'Alsace et de Lorraine, de nous exposer aux plus
prochains et aux plus graves dangers ! Ils avaient dressé
leurs tréteaux ; c'était pour y monter.

CHAPITRE V

L'on se trompe en n'attribuant qu'aux erreurs de notre constitution et qu'aux ignorances ou aux folies ordinaires de nos politiciens ou des foules, nos plaintes et nos souffrances. Il est facile d'en découvrir au moins deux autres causes, en dehors de la question religieuse sur laquelle je ne veux pas revenir ici : notre organisation administrative et notre état financier.

Je n'apprendrai rien à personne en disant que notre administration est la plus nombreuse, la plus coûteuse et la plus nuisible, parce qu'elle est la plus centralisée. Elle semble à ses partisans, ses bénéficiaires en général, une incomparable machine d'autorité, ordonnant tout, commandant tout, réglementant tout, surveillant tout, dirigeant tout. Quelle force en résulte, pensent-ils, pour qui s'en empare ! Pas un acte n'échappe à ce réseau aux mailles si réduites ; pas un citoyen, pas un électeur notamment, ne se dérobent à cet étau si serré. D'autant qu'aux fonctionnaires préposés à une pareille gestion, se joignent, pour les assister, les solliciteurs, leurs familles et leurs amis. Il ne leur en coûte à tous que de s'asservir. Le malheur, c'est que partout où s'est rencontrée la centralisation, se sont succédé les révolutions. Elle remonte, en France, à Richelieu, et n'a cessé de s'y développer sous chacun des souverains ou des gouvernements survenus depuis lui, et qu'est devenue notre ancienne monarchie, que l'on tenait pour inébranlable? Où sont les pouvoirs qui l'ont tour à tour, et chacun pour si peu de temps, remplacée? Ils gisent ensemble dans leur fosse commune, où peu de regrets les ont suivis.

C'est qu'on ne songe jamais qu'à côté des fonctionnaires satisfaits s'en trouvent de trop ambitieux et de trop pressés, auxquels viennent s'unir les solliciteurs éconduits, les protecteurs, les parents ajournés, ainsi que les contribuables surtaxés et tous les citoyens humiliés et lésés, qui forment toujours le grand nombre. L'on n'aperçoit que ces bandes d'agents, ignorants, vaniteux, avides, fainéants, dont on croit disposer bien plus qu'on en dispose, et qui s'abattent avec joie en chaque district, leurs formules en main, sans plus connaître les populations qu'ils ont à régir que les intérêts qui leur sont confiés. Mais si ceux-là mêmes se courbent et obéissent tant que les corbeilles sont pleines, soyez sûrs que dès qu'elles seront vides, ils courront aussi et sans retard à l'opposition. Leur arbitraire et leur ineptie d'abord, plus tard leurs intrigues et leurs trahisons, expliquent mieux encore que toute autre chose, que nos gouvernants semblent pris depuis un siècle à la petite semaine.

Je veux de nouveau m'arrêter, à ce sujet, aux aphorismes d'Hégel, toujours transcendant, et ici fort semblable à Rousseau, l'ancêtre vénéré de nos socialistes et des Jacobins, les plus extrêmes des centralisateurs. « L'État est rationnel en soi et pour soi, dit Hégel... Il a le droit suprême... L'individu a pour premier de-

voir d'être membre de l'État. L'État est l'absolue réalité ;
il n'est jamais un produit de l'art humain ; seule la
raison, l'idée, a pu le produire. » Quelle profondeur !
Ainsi, l'individu, qui seul existe, n'est pas une réalité, et
l'État, issu « de l'idée » n'est pas un produit « de l'art
humain ». Lui seul est la réalité, « l'absolue réalité » !
Pour mieux asseoir cette merveilleuse doctrine, Hégel
est en outre d'avis qu'il ne peut y avoir d'autres électeurs
que ceux qui « ont le sens de l'autorité et le sens de
l'État ». Ce qui du moins, je le reconnais, ôte la crainte
de l'encombrement des scrutins. Quant à Rousseau,
son sentiment décidé, ne tenant, lui aussi, l'individu
que pour un membre de l'État, c'est que pour être vraiment libre, il faut être absolument esclave, et c'est ce
qu'il propose. Lisez, si vous avez du temps à votre disposition, le *Contrat social*, que le Comité de salut public
a constamment eu sur sa table, et vous vous en convain-
crez aisément. C'est sans doute à cette heureuse conception, empruntée sans qu'il le sût au monde ancien, que
Rousseau doit d'avoir été tant de fois l'arbitre de nos destinées et de le devoir être peut-être encore.

Quoi qu'il en soit, la centralisation soumet en tout à
la dépendance. Pour s'en assurer, j'engagerais volontiers ses partisans à passer quelques semaines en pro-
vince, loin des assemblées, des associations, de la presse
de Paris, trop puissantes pour qu'on n'en tienne pas
compte. Ils y apprendraient bientôt ce que sont les mille
petits tyrans que je rappelais à l'instant, besoigneux,
chercheurs d'avancement, amis du repos, remplis d'eux-
mêmes, qui, sur chaque point de notre territoire, re-
çoivent les demandes, rédigent les rapports, octroient

les permissions, accordent les audiences, interprètent les règlements, appliquent les lois, apprécient les mérites, donnent les ordres. Garantis en chacun de leurs proconsulats par la gent officielle entière, juges administratifs en tête, ils en profitent largement. Leurs prédécesseurs d'autrefois ne valaient pas mieux qu'eux, j'y consens, mais ils avaient généralement de l'esprit, savaient vivre et coûtaient moins. Ils coûtaient moins surtout qu'ils ne le font depuis six ans que nous leur payons 120 millions de plus qu'auparavant, afin, probablement, d'épaissir encore sur notre pays la toile d'araignée dont parlait Gœthe. Je l'ai dit et ne m'en dédis pas, nous vivons d'ancien régime, un plumet révolutionnaire à notre chapeau, et, malgré notre richesse, nos coffres sont vides. Paris est bien resté, la tête apoplectique sur un corps anémique du père de Mirabeau, ou la tête libre sur un corps esclave de Tocqueville.

Ce qu'il sied également de reconnaître, c'est que, à la suite de l'expansion de l'instruction primaire et du service militaire, le goût des places et du rien faire est descendu jusqu'au fond des masses populaires. Il y avait récemment dans le département de la Seine 24.825 demandes pour 299 emplois inférieurs, en plus de 100.000 demandes pour les chemins de fer. Il s'y trouve en moyenne 300 demandes pour une place de facteur rural. Et ce n'est pas à diminuer ces sollicitations qu'on s'applique, c'est à les susciter ; l'on ne cesse de chercher à les satisfaire. Je viens de dire que nos fonctionnaires civils nous coûtent 120 millions de plus qu'il y a six ans ; ces mêmes fonctionnaires qui nous coûtaient 271.720.000 fr., en 1875, et c'était déjà un joli denier, nous coûteront cette année 424.810.000 fr. Serait-ce là l'économie promise par tous les candidats aux dernières élections ? Le résultat de tant de fonctions, c'est que « les lenteurs administratives, disait récemment le président de la chambre de commerce du Havre, lassent les meilleures volontés, que les affaires les plus simples, ne soulevant aucune difficulté, demandent des années pour être résolues... le mal vient de la centralisation ».

Me tœdet harum formarum quotidianarum.

écrivait Térence. Combien de nos concitoyens le répéteraient, n'eussent-ils pas eu à remplir les vingt-trois formalités exigées pour établir un bac sur une rivière ! Notre habitude de soumission et d'inertie est telle, qu'elle se révèle même dans l'organisation et la gestion des intérêts nouveaux, pour lesquels nous avouons, grâce à ce qui se passe à l'étranger, qu'une grande indépendance est nécessaire. Ainsi, en ce moment, pour les sociétés de colonisation ou pour l'emploi des fonds, devenus énormes, qui sont remis aux caisses d'épargne.

Si c'est pourtant un proverbe russe que les petits traitements font les mains creuses, les dossiers de Wilson et les arrêts des tribunaux commencent à nous persuader que les gros n'aiment pas moins à s'arrondir. Je loue Macaulay d'avoir dit : Aucun premier ministre anglais ne s'est enrichi dans sa charge depuis plus d'un siècle ; mais je suis forcé d'avouer que nul écrivain n'en a dit autant des nôtres. Que je désirerais que l'on me montrât quelques-uns de nos grands ou petits fonctionnaires souhaitant sur leur tombe l'inscription qui se lit sur celle de Pitt à Westminster : *Il est mort pauvre* !

Toutefois, ce qui m'étonne le plus, c'est la prétention d'accorder avec notre centralisation nos droits primordiaux, doublés de la souveraineté du peuple. Qu'on acclame la liberté pour la mieux supprimer, cela s'est fait de tout temps, même avant Junéval. Mais que l'on assure gravement la respecter, en la détruisant pour tout ce qui concerne les provinces, les communes, l'industrie, l'enseignement, les transports, les routes, le crédit, l'assistance, notre vie entière, c'est réellement extraordinaire. Il est difficile d'imaginer en effet que la liberté consiste à mettre tous les quatre ou cinq ans un bulletin écrit d'avance dans une boîte fermée. Certes, il est beau de discuter entre soi, lorsqu'on est peu pressé, du sort de sa patrie et de l'univers, se croyant toujours sur l'Agora ou le Forum! Mais comment garder son sérieux, si l'on reste en même temps incapable de tracer un chemin rural, d'ouvrir un marché, de disposer de son travail ou de son bien? Serait-ce pour apprendre à courir qu'on empêche de marcher? Comment serait-il nécessaire qu'un préfet lui-même nommât, sans le connaître, le garde-champêtre de la moindre bourgade, qu'il ne verra jamais?

A vrai dire, la centralisation n'a qu'un mérite, celui d'offrir un précieux débouché aux gens d'insouciance marquée et de médiocre intelligence. Car fruits secs de toute école, décavés de toute carrière y trouvent à se caser. Il ne leur faut pour cela que de bonnes protections et peu de scrupules. C'est partout alors le *tour du gendre*. L'un de nos derniers ministres, dont il me serait aussi difficile de dire le nom que celui de son prédécesseur ou de son successeur, tant tous sont illustres, dotait, en s'en allant, l'administration des postes d'un chimiste ! Et ce chimiste n'était, de son propre aveu, jamais entré dans un laboratoire ! L'un de ses collègues faisait mieux encore : il conférait un traitement à l'un de ses favoris, en laissant à son remplaçant à le pourvoir d'un emploi. Ces deux ministres étaient, du reste, sortis de l'extrême gauche, dévouée, comme on le sait, à l'éccnomie et au respect du pays. Ils avaient juré, je crois, que personne ne répéterait, après eux, que nous sommes un peuple d'administrés, ainsi que le disait Royer-Collard, ou un peuple de coureurs de places, à l'exemple de Stuart Mill, ou un peuple de valets, comme parlait Courier. Toute la civilisation, enseigne Herbert Spencer, provient de nos mérites et de nos travaux personnels ; ces deux anciens ministres l'avaient toujours affirmé et l'affirment toujours.

Pour moi, j'aime d'autant mieux cette pensée d'Herbert Spencer, que c'est une doctrine économique que, si l'État ne doit conserver que ses fonctions nécessaires, afin de les bien remplir et parce qu'il remplit fort mal les autres, il faut aussi, pour assurer à la production et à la distribution de la richesse leurs meilleures conditions, que nous nous rendions nous-mêmes capables et dignes de ces conditions. Car l'économie politique, la science sociale par excellence, n'est pas une panacée qui dispense, en de mensongères parades, d'effort, de moralité, de responsabilité. C'est la vérité, qui, rappelant sans cesse aux lois des phénomènes qu'elle explique, ne nous promet le bonheur — et autant seulement qu'il peut exister au sein des accidents inévitables et avec notre propre nature — que par le travail, la prévoyance, notre respect personnel.

Cependant la centralisation ne nous suffit plus. Nous nous appliquons maintenant à la compléter par le socialisme d'État, qui n'en est à la vérité, je l'ai fait entendre, que l'achèvement. Réglementer la vie de l'ouvrier et celle de sa femme et de ses enfants, décréter les modes et les heures d'ouvrage, la tenue des ateliers, les rapports du capital et du travail, ordonner la circulation monétaire. ou le crédit, les échanges, les voies de communication, les machines, les assurances, les salaires ; tout y passe, A un siècle de distance de 1789 nous renions la liberté du travail et le droit de propriété. Nos modèles préférés sont redevenus la vaine pâture, les biens domaniaux, les douanes provinciales, les ateliers nationaux. Notre maître vénéré, c'est de nouveau Etienne Boyleau, escorté maintenant de Morus, de Campanella, de Marx et de Louis Blanc. Nous ne demandons même pas ce que pourront devenir sous un tel régime nos rapports commerciaux, par conséquent notre production et notre distribution de richesse, sur le marché international, marché principal de tous les peuples industriels à notre époque.

Je n'ajouterai rien, touchant nos consommations, puisque, à propos des échanges, nous avons décidé qu'elles ne comptent jamais. Mais comment oublierais-je notre réseau des chemins de fer de l'État, chef-d'œuvre incontesté du socialisme d'État, et qui de pleine certitude est le plus mal conçu, le plus mal administré, le plus coûteux et le moins productif de nos six grands réseaux ? Revenu à un milliard de francs, il nous impose en partie de payer chaque année 80 ou 100 millions, à titre de garantie, aux autres compagnies. Beaucoup plus restreint que celui de l'Orléans, par exemple, il reste muni de beaucoup plus de locomotives, même après la vente à perte de bon nombre d'entre elles. Seulement, combien de places lucratives permet-il de répartir et de promettre! Combien d'électeurs fâcheux et de parlementaires mécontents apaise-t-il et satisfait-il! Que de fournitures il garantit!

Que l'or donne aux plus laids certains charmes pour plaire!

Walpole et Dubois n'auraient pas mieux imaginé s'ils avaient vécu de nos jours. Tel hôpital de la marine possède cinquante draps par malade; telle école compte un professeur par élève, et quel privilège ou monopole d'avant 1789 se comparerait à ceux de la Banque de France et du Crédit foncier?

CHAPITRE VI

Jusqu'à ce que notre Trésor fût vide et notre crédit fort attaqué, nous apprenions chaque année que nous nagions dans l'opulence. Les ministres des finances, unis aux rapporteurs du budget, nous l'affirmaient avec assurance, sonnant à pleine volée, devant notre détresse, la surabondance de nos revenus. Au lieu des taxes et des dettes de la monarchie et de l'empire, si restreintes pourtant en comparaison de celles d'à présent, bien que déjà très élevées, ils nous enseignaient, sans dissimuler leur mérite, que nous leur devions une incomparable prospérité. A peine la Convention, au dire de l'un d'eux, rempli de discrétion sur les procédés habituels de cette assemblée, avait-elle mieux réussi. Surchargés, endettés, accablés, nous n'y comprenions rien, et c'est peut-être ce que l'on souhaitait.

Le résultat d'une aussi merveilleuse richesse, c'est que notre budget, augmenté de 600 millions d'intérêts à la suite de notre invasion, puis d'un milliard, puis de 200 millions, grâce à notre multiplicité de places, de pensions, d'armements, d'entreprises publiques et de gaspillages, est le plus élevé qu'on ait jamais connu. Ce qui n'a pas d'ailleurs empêché nos deux comptes de liquidation d'atteindre 1,933,502,560 francs, avant d'être remplacés par un budget extraordinaire de 4 et de 500 millions.

Depuis vingt ans, nos charges sont quatre fois plus lourdes que celles des cinq autres grandes puissances européennes. Et cependant notre amortissement ne fonctionne plus, nos déficits ininterrompus se montent annuellement en moyenne, depuis douze ans, à plus de 529 millions, et notre fonds de réserve, de 150 millions, a disparu. Quant à notre dette publique, elle est maintenant de 32 milliards, chiffre aussi sans précédent, avec une dette départementale et communale d'environ 10 milliards. Qu'en dites-vous ?

Est-ce tout du moins? Il s'en faut. Notre dette flottante, allégée illégalement de 1,200 millions, il y a peu d'années, au moyen de l'emprunt fait d'autorité aux caisses d'épargne, dépasse aujourd'hui 3 milliards, à chaque instant remboursables. A la fin de 1890, nos dettes sexennaires ou trentenaires et nos bons de liquidation ont exigé un nouvel emprunt de 869 millions, souscrit à conditions usuraires. Enfin nos autres emprunts, de plusieurs centaines de millions, envers les départements, les chambres de commerce, les communes, les compagnies de chemins de fer, sont là pour compléter notre situation financière. J'entends notre situation financière appréciable; car l'un des membres de notre dernière Commission du budget déclarait que ces dernières dettes faisaient partie d'une dette générale de près de 9 milliards, tellement disposée, pour la mieux dissimuler, que ni la commission du budget ni le ministre des finances lui-même ne parviendraient à l'expliquer. Je rappellerai de même que le rapporteur général du budget de 1892 nous apprend que, en 1883, 834 millions de dépenses, qu'on croyait couvertes par des ressources ordinaires, avaient été inscrits en dehors du budget! C'est réellement la bouteille à l'encre dans le tonneau des Danaïdes.

De 1878 à 1884 seulement, nos frais de guerre et d'indemnité déduits par conséquent — frais s'élevant au-dessus de 13 milliards (1) — la somme de nos dépenses, d'après le *Bulletin officiel du ministère des finances*, a dépassé 47 milliards. En vingt ans, depuis notre dernière révolution, la France a payé 72 milliards de dépenses budgétaires, et notre dette publique s'est accrue de près de 11 milliards. Qu'en dites-vous de nouveau?

L'on nous comprendrait à tort, on le voit, parmi les États qui s'appliquent à diminuer leurs charges financières. Encore quelques chiffres pourtant. Dans les quatre années 1886, 1887, 1888, 1889, l'insuffisance de notre budget ordinaire a atteint 2,588 millions, soit un déficit moyen pour chacune de ces années de 645 millions; à peu près la somme dissimulée en 1883, que je citais à l'instant.

Vita cum gemitu fugit indignata sub umbra.

Les politiciens feraient bien de penser quelquefois à ce dernier vers de l'Énéide.

(1) C'est le chiffre le plus élevé, mais le plus exact qui ait été donné. En y ajoutant les comptes de liquidation, les dédommagements aux départements envahis, les primes des emprunts, la perte du matériel de guerre, les pertes du Trésor par l'abandon de l'Alsace et de la Lorraine, la valeur des monuments incendiés par la guerre et la commune, etc., M. Amagat arrive à l'effroyable chiffre de 15 milliards. V. Les *Finances françaises*, t. II.

Pour cette année, notre budget ordinaire avait été porté, lors de sa présentation, à 3,011,974,825 francs et notre budget extraordinaire, qui n'a pas un centime de ressource assurée et qui reste affecté maintenant au ministère de la Guerre, à 138,554,480 fr. après s'être déchargé sur le budget ordinaire de 80 millions en faveur également de ce ministère. Ce qui d'ailleurs n'empêche pas l'armée de nous réserver pour les prochains exercices, en sus de ses crédits courants, une dépense nouvelle, extraordinaire, elle aussi, de 779,732,000 francs. Quelle heureuse perspective! Quel consolant espoir! N'oubliez pas, en outre, qu'avec les budgets ordinaire et extraordinaire, se trouvent, pour plus de clarté probablement, le budget sur ressources spéciales, de 463,163,647 fr., le budget annexe, de 86,993,000 francs, et le budget des autres prélèvements pour le reste. Car nous avons cinq budgets différents, dont aucun ne comprend — c'est à noter — ni les octrois, ni les prestations en nature, ni les intérêts des emprunts locaux, que n'en ont pas moins à solder les contribuables.

Tel qu'il a été voté, le budget de 1891 s'élève à 3.728,488,644 francs, et est loin de comprendre l'ensemble de nos charges, même budgétaires. Personne ne doute déjà qu'il ne nous réserve un déficit d'environ 350 millions, malgré notre emprunt de 869 millions et les 60 millions d'impôts nouveaux qu'il renferme.

Nos dépenses budgétaires atteindront certainement 4 milliards 78 millions, et toutes nos dépenses au moins 5 milliards et demi. Il est vrai, le ministre des Finances avait apporté quelques habiles changements à ce budget; il l'avait soumis à de meilleurs classements et avait demandé justement à l'alcool un supplément de revenu. Mais la Chambre y a mis bon ordre. A quoi bon, lorsqu'on a de telles choses à révéler, améliorer ce qu'on ne comprend pas ? Et taxer l'alcool, ne serait-ce pas déplaire aux cabarets, inapréciables champs de course électoraux ? Je m'empresse d'ajouter que notre présent ministre des finances a fort heureusement commencé à améliorer notre situation.

Voilà cependant dans quelle condition financière nous nous trouvons encore, pour lutter contre les nations étrangères sur le marché général du monde. Ne vous étonnez pas, par suite, de ne plus voir — ce que je remarquais précédemment, — notre richesse s'accroître comme dans le passé depuis quelques années, ainsi que le prouvent les recettes de l'enregistrement, des mutations à titre onéreux et des successions, autant que l'augmentation des saisies, surtout immobilières. N'admirez pas non plus que le trafic des chemins de fer allemands et autrichiens dépasse le nôtre, que nous ne soyons qu'au troisième rang pour la marine marchande, et que, sans un port d'attache sur l'Océan et la Méditerranée, l'Allemagne voie son pavillon en notable avance sur le nôtre, jusque pour les transports du canal de Suez. Serait-ce pour combattre une telle et si fâcheuse infériorité ou pour aider à notre travail, source de toute richesse, que nous nous efforçons d'entraver davantage nos échanges et que nous surtaxons nos matières premières ? Par amour du peuple, nos parlementaires, qui se sacrifient tant pour lui, ne cessent de réclamer des impôts, qu'ils disent démocratiques. Ils rient de pitié des pauvres esprits voués à l'étude de l'économie

politique, prétendant que tout impôt, quelque nom qu'on
lui donne, se prélève forcément soit sur le capital, soit
sur le revenu, et restreint en conséquence la production
et les salaires, la consommation et l'épargne. Tristes
gens, en effet, qui se renseignent et réfléchissent avant
de se prononcer. et qui déclarent qu'on n'allège point un
fardeau en le doublant. Comment ! ils enseignent que le
respect de la propriété et des revenus : salaires, profits
ou rente, est indispensable à notre énergie, à notre travail, et à notre bien-être ! Ils disent que rien n'autorise à
y attenter, surtout de façon non proportionnelle, une fois
la sécurité intérieure et extérieure garantie et les entreprises nécessaires et impossibles à l'industrie privée,
s'il en existe, pourvues ! Ah ! s'ils acclamaient la liberté
en augmentant à chaque instant les attributions du pouvoir ! S'ils détruisaient les principes ou les ressorts
constants des labeurs et de l'épargne, en les remplaçant
par l'oisiveté, l'envie, la haine d'une part, et de l'autre
par la charité légale, le socialisme d'Etat, auquel aucune fortune ne saurait résister, qu'ils mériteraient
plus de reconnaissance ! Il ne leur faudrait alors, pour se
faire admirer sans mesure, qu'accroître les traitements
des politiciens et annoncer l'avènement d'une nouvelle
humanité !

Du reste, si nous avons cinq budgets différents, nous
avons aussi quatre différentes caisses : celles du Trésor,
des chemins vicinaux, des écoles et de la garantie des
chemins de fer. Organisation financière spéciale encore
à notre pays, mais fort commode pour permettre de
passer d'une caisse à l'autre et de puiser à toutes. Seule,
la Cour des comptes s'en plaint peut-être, dénuée comme

elle l'est des états qu'on lui devrait remettre et que l'on garde. Elle les réclame, récrimine, se désole ; mais on la laisse réclamer, récriminer, se désoler. Qui se soucie qu'elle vérifie les comptes et dise la vérité ? C'est sans doute ce qui explique que le *Bulletin de statistique du ministère des Finances* de 1886 ait pu montrer que nos dépenses faites en dehors des évaluations budgétaires, depuis la guerre, s'élevaient à 8 milliards. Bien qu'elle possède toutes les pièces et que la loi l'y oblige, est-ce que la Chambre examine par hasard et arrête les budgets soldés ? Qui ne se rappelle combien elle en a voulu, il y a six ans, au ministre qui lui énumérait nos emprunts remboursables ? Comme elle l'a promptement renversé pour la stupéfaction qu'il lui causait ; car elle ne s'en doutait pas ; et pour une telle révélation aux électeurs, le silence est d'or ; il l'avait oublié. Et, l'on s'en souvient, en ce moment, en taisant que nos centimes additionnels, qui sont passés en quatre années, de 1884 à 1888, de 206 à 354 millions, n'étaient que de 32 millions en 1828, et que de 103 millions encore en 1869.

Jamais, en vérité, échelle n'a été plus curieuse ni plus instructive que celle de nos charges et de nos impositions depuis 1870. J'en ai déjà donné quelque aperçu, mais en voici un nouveau. Les crédits demandés pour 1872, comprenant les dépenses de la révolution et de la guerre présentaient une augmentation de 536,123,904 fr. sur ceux de 1869, avec un déficit entre les recettes et les dépenses de 2,630,081 fr. Tout ensemble, notre dette publique passait en intérêts, dans le même temps, de 543,899,226 fr. à 1,109,843,410 fr., comme je l'ai dit,

C'est là le point de départ de notre présent état financier. En 1878, terme de notre gouvernement républicain conservateur, les dépenses budgétaires atteignaient pour une recette de 2,851,364,298 fr., 3,108,758,696 fr., d'où un déficit de 257,394,197 fr., et les intérêts de la dette publique ont été de 1,211,304,129 fr. Enfin, l'on connaît la recette, la dépense et les intérêts de notre dette publique pour 1891.

Ne tînt-on compte d'autres emprunts que de ceux qui constituent la dette inscrite, oubliât-on les dépenses engagées, les crédits supplémentaires réservés, les déficits prévus, je demanderais qui se pourrait persuader que de tels excès continuassent longtemps sans catastrophe. J'écrivais dès 1879 que nous en étions revenus à tous les abus et à tous les maux financiers de l'ancien régime. L'un des meilleurs esprits de ce temps, M. Germain, a dit depuis, quoique républicain avéré, que nous allions à la banqueroute.

Nous avons pourtant essayé de tous les ministres des Finances et de toutes les commissions de budget. Après un avocat, ça été un médecin, après le médecin un bijoutier, après le bijoutier un pharmacien, sans parler des autres. Et quelles commissions! Celle de la Chambre des députés d'il y a trois ans, changeait cinq fois de système avant de déposer son rapport. Celle d'il y a deux ans se déclarait dévouée aux économies et créait de nouvelles taxes. On l'a comparée à la cour du roi Pétaud; mais c'était trop médire des cours. C'est encore au nom de l'économie que la dernière de ces commissions a proposé 80 millions d'impôts à créer, sans préjudice de l'emprunt de 860 qui vient d'être réalisé, de nombreux crédits extraordinaires et de déficits trop ordinaires. C'est à faire trembler le jour de la nomination de ces commissions, même depuis que Wilson ne les préside plus. Je suppose que le ministre qui, pour loger ses parents, ses domestiques et sa blanchisseuse, chassait ses employés de leurs bureaux, sauf à en faire construire d'autres aux frais des contribuables, comptait sur elles. Il y comptait aussi probablement, ce préfet des Vosges qui s'installait commodément chaque été, durant la saison des eaux, au pavillon des Princes, à Plombières, sur les crédits *du budget de l'agriculture*! Ce qu'ont, je n'en doute pas, continué à faire ses successeurs.

Et nos députés les plus réservés ne votent pas seulement les dépenses qui leur sont proposées ; ils en inventent. L'un voulait récemment, par exemple, des cabinets d'anatomie pathologique, l'autre, non moins dévoué à la science, un laboratoire d'analyse de la lumière et des astres, un troisième, peu satisfait de la création, réclamait une mer intérieure en Afrique, un quatrième... mais je n'en finirais pas. Il n'y a que les chevaux échappés pour courir. Sans compter les chemins de fer, les canaux, les routes, les pensions, les traitements, les avances, les subventions, les indemnités, les assurances, que tous sollicitent à la fois et obtiennent trop aisément. Comme Turgot, à son entrée au contrôle des finances, tous s'écrient lors des élections : point de banqueroute, point d'emprunt, point d'augmentation d'impôt ; mais attendez leurs votes et vous saurez ce que vaut leur amour de l'épargne.

Sixte en disait autant quand on le fit saint-père.

« Dans un État libre, écrivait Montesquieu, quand les revenus sont mal administrés et qu'il faut faire la fortune des amis et des parents de tous ceux qui ont part au gouvernement, tout est perdu. » *Victoribus spolia!* Cela vaut mieux.

Je ne ferai non plus ici nulle observation sur le Sénat, puisqu'il consacre, quoiqu'il le regrette, chaque décision financière de la Chambre. Mais il m'en reste une à faire sur l'impôt du revenu, cet os incessamment et hypocritement jeté à l'envie populaire. Sans doute, l'ignorance et l'amour des dépenses contribuent à la réclamation de cet impôt, qui, plus que tout autre, diminue, par les craintes qu'il engendre, les ressources du travail et de la consommation. Mais comment le légitimerait-on parmi nous, dès que l'on ne compte plus seulement sur les appétits et les haines des multitudes? Comme si nos divers revenus n'étaient pas déjà taxés et surtaxés par notre système fiscal, même par nos seules impositions directes! Comme si la répartition d'un semblable impôt, tiré de revenus très différents, n'était pas de toute certitude très inégale et très arbitraire! Quel économiste véritable a donc jamais approuvé cette taxe? Quel gouvernant étranger, même en la réclamant sous le coup de la nécessité et au sein d'une organisation financière opposée à la nôtre, ne la pas condamnée (1)? Ne serait-ce pas le pur rétablissement des dixièmes et des vingtièmes de notre ancienne monarchie, que l'on condamne sans rémission? Mais à quoi bon des raisonnements? Il faut dépenser sans compter, nous a dit l'un de nos

(1) J'engage surtout à lire ce que M. Gladstone a dit de l'*income tax* chaque fois qu'il en a demandé le renouvellement.

derniers ministres, partisan déclaré de l'impôt du revenu, et qui n'a point sa vie à gagner, puisqu'il est fort riche. Il aurait pu lire, toutefois, dans la loi du 16 fructidor an VI, s'il ne voulait pas se reporter aux dixièmes et aux vingtièmes : « La taxe du revenu appartient à ce temps malheureux dans lequel on n'accordait rien au trésor public, où l'on ne faisait des fonds qu'en apparence et pour ajouter des difficultés sur des difficultés (1) ».

Nos vingt dernières années financières contraignent réellement à de sérieuses pensées sur les périls que recèle l'imprévoyance des démocraties. Je ne sache aucune autre aussi longue et désastreuse période financière, en temps de paix, dans l'histoire des peuples civilisés.

(1) Qu'il me soit permis de renvoyer au mémoire sur l'impôt sur le revenu que j'ai lu à l'Académie des sciences morales et politiques. V. les *Mémoires* de cette Académie de 1886.

CHAPITRE VII.

Le saint-simonisme, le fouriérisme, le communisme de Morus ou de Louis Blanc, de Campanella, de Pierre Leroux, de Marx ou de Henry George, puisqu'il y en a à choisir, ne comptent plus en ce moment. Les réformes économiques promises par le radicalisme, qui sans doute les entend, quoiqu'il ne les ait jamais expliquées, sont elles-mêmes délaissées. A peine si les masses ouvrières, auxquelles elles étaient destinées, car ce sont aussi les masses électorales, s'en souviennent. D'autres les ont remplacées, qui semblent mieux satisfaire les souhaits présents, et qui, pour se retenir, ne demandent nul effort de mémoire. Aux systèmes compliqués on préfère maintenant de courtes formules.

Le radicalisme qui tient à sa clientèle, semble le comprendre, et commence, par suite, à répéter ces formules. Mais qu'il s'apprête à toutes les complaisances; elles changent souvent. Dès que l'une échoue, l'autre apparaît, le mieux étant d'en avoir sans cesse à proposer, en ne donnant le temps ni d'y trop réfléchir ni de les essayer. Les plus habiles font même croire qu'ils les ont apprises de ceux à qui ils les enseignent; car cela plaît toujours. Cependant si obligeant que l'on se montre, les meneurs actuels des classes ouvrières, qui s'occupent peu de politique, laisseront difficilement prendre leur place. Ils le font bien voir par leur lutte avec ces autres et singuliers réformateurs qui rattachent tout l'avenir de l'humanité aux corps de métiers du moyen-âge, et mêlent, à force de piété, je l'ai dit, les cantiques chrétiens à la carmagnole révolutionnaire. En fait de système, si c'en est un, il ne reste réellement plus que l'anarchisme dont le nom seul a demandé pour être trouvé, quelque imagination puisque l'absence fort connue des lois, de l'administration, du gouvernement, qui le constitue, s'est appelée jusqu'ici la barbarie.

Quoique très différents entre eux, chacun des anciens systèmes devait également et infailliblement conduire au bonheur absolu. C'était bien quelque chose ; malheureusement, on a eu le tort de les vouloir trop exposer, parfois de tenter de les pratiquer. Les sottises qu'ils ont révélées et les misères qu'ils ont produites, en ont, pour quelque temps au moins, corrigé. Mais si les partisans des formules actuelles ne s'y laissent plus prendre, pourquoi ne s'entendent-ils pas mieux les uns les autres, s'attaquent-ils si souvent ?

Demandez aux blanquistes, par exemple, ce qu'ils pensent des possibilistes, et aux possibilistes quels sentiments leur inspirent les nihilistes. Ils ne s'accordent tous que pour réclamer bruyamment la hausse du salaire, la soumission absolue des patrons aux ouvriers, le repos des femmes et des enfants, le travail à la journée, et la journée réduite à huit heures, en attendant mieux. Voilà, quant à présent, leurs seuls vœux communs, leur *credo* promulgué, qu'ils laissent à l'État, leur grand-prêtre, le soin de répandre et d'imposer.

L'État est aussi pour eux, la suprême et inévitable ressource.

Mais ne cherchez pas à savoir comment ils constituent
l'État, ce qu'ils font du travail, de quelle façon ils dis-
tribueront, après en avoir obtenu, les produits ou les revenus, non plus que ce que deviendront avec eux la famille
et la société. Ils ne s'entendraient plus, à supposer qu'ils
vous puissent renseigner ou qu'ils y aient jamais pensé. Ils
rappellent beaucoup les anciens thomistes et les anciens
molinistes, prononçant ensemble les mots de *pouvoir
prochain* et de *grâce suffisante* contre M. Arnauld, et
s'anathématisant sur les croyances exprimées par ces
mots. Après tout, thomistes et molinistes, dont les dis-
sentions étaient, on le voit, le contraire des *dissensions
verbales* de Montaigne, n'avaient pas tort, puisqu'ils
nous ont valu les *Provinciales*; tandis que les socialistes
d'aujourd'hui nous vaudront au plus de les avoir pour
députés.

Il ne faut cependant rien exagérer. Il y a deux points
sur lesquels ces socialistes, et les socialistes de tout
temps et de toute école, n'ont jamais varié et ne sauraient
varier. Je veux parler des lois naturelles et de la méthode scientifique. Ces lois sont effectivement la contra-
diction de leurs caprices, et cette méthode, toute d'expérience et d'observation, ainsi qu'on le sait, mène
forcément au rejet de ces caprices et au respect de ces
lois. Leur siège est fait; ils n'en changeront point. Qu'il
est aussi bien plus commode de se passer d'étude, de
laisser là les faits passés ou présents, de n'avoir nul
souci de notre nature ou de nos besoins, de s'en remettre
à ses imaginations, et, en cas d'embarras, d'en appeler

à la volonté de l'État, en lui prêtant d'ordinaire la sienne! Peut-être arrive-t-on de la sorte à démentir l'histoire, qui n'est qu'une longue suite d'affranchissements individuels, et à se faire la plus triste conception de l'humanité ; c'est possible. Mais qu'importe aux partisans du travail à la journée, de l'absence de toute direction ou de toute surveillance des entreprises, et de la journée, très chèrement payée, de huit heures?

En place du libre débat du travail et du salaire, on réclame donc leur réglementation, qui, partout et toujours à échoué. Et, chose étrange, on la réclame le plus souvent au nom de la liberté, bien que ce soit la servitude. Comme, pour plus de succès, l'on fait appel aux agents de l'État, dont le défaut d'aptitude, de savoir et d'intérêt est absolu. On ne se souvient plus qu'à l'époque, si décriée des uns et si vantée des autres, où le travail était, ainsi que le reste, déclaré droit domanial et royal, les lieux privilégiés paraissaient partout ceux qui s'étaient maintenus exempts des règlements officiels et, autant qu'il se pouvait alors, de fonctionnaires attitrés. En France, par exemple, les galeries du Louvre et le faubourg Saint-Antoine, où seulement se rencontraient des produits assez abondants et convenablement fabriqués, des ouvriers exercés et aisés. N'est-ce pas aussi à ses franchises industrielles que l'Angleterre, à peu près débarrassée des corporations et des jurandes, a dû, dans la dernière moitié du xviiie siècle, de remplacer la Hollande, comme la puissance la plus laborieuse et la plus riche?

Ce qui mériterait quelque attention pareillement, c'est que les institutions favorables aux classes ouvrières, qu'on réclame tant de nos jours, soit pour l'instruction et l'épargne, soit pour le crédit, l'assistance, le logement où la nourriture, proviennent toujours, non de l'Etat et de ses représentants, mais de l'initiative et des efforts privés, notamment de ceux des patrons. Si fâcheux qu'on le trouve, qu'on cite donc des créations d'État en faveur des ouvriers, comparables à celles d'Anzin, du Creusot, de Mulhouse, de Manchester, de Lowell ou à celles des Lassalle, des Schulze-Delitzsch, des Raiffeisen, des Wilberforce, des Bernardin de Feltre. Les œuvres ouvrières de l'État, ce sont les ateliers nationaux, entretenus par l'impôt, quand ce n'est, sous ses différentes formes, la charité légale, cet incomparable stimulant à la paresse et à la misère, ce souverain obstacle à toute bienfaisance particulière (1).

J'indiquerai un fait curieux de communisme et de socialisme d'État, facile à vérifier, puisqu'il se passe parmi nous, et décisif, puisqu'il date, sans changement important, de 1293. Il est vrai que les médecins de Molière, qui ne souciaient pas plus que nos socialistes de la science et des faits, soumettaient leurs malades à de plus vieilles ordonnances encore. C'est de la mine de fer de Rancié que je veux parler. Elle appartient aux habitants des huit communes de la vallée de Videsser, dans l'Ariège. Réglementation de l'extraction du minerai, fixation des prix de vente et des salaires, autorité d'ingénieurs officiels, surveillance du préfet; rien n'y manque. Cependant, l'on n'y travaille pas vingt jours

---

(1) C'est la *poor law* qui empêche les patrons anglais de créer en faveur de leurs ouvriers autant d'utiles institutions que les patrons français en ont créées en faveur des leurs.

par mois, et chaque jour de travail y rapporte au plus
2 fr. 60. Bien mieux, l'on est contraint d'y retenir de
force les ouvriers, qui s'enfuient de toutes parts dès
qu'approche la moisson, pour accepter ailleurs les conditions accoutumées de l'offre et de la demande. Cela ne
donne-t-il pas à réfléchir? Et penseriez-vous encore que
Napoléon n'eut pas raison d'invoquer au Conseil d'Etat,
lors de la discussion de la loi de l'an X sur les mines,
les nécessités de la liberté et de la responsabilité industrielles? Mais, je le confesse, ce n'était que Napoléon.

Je déclarerai, en faveur des réclamations présentes
sur la journée, le travail ou l'entière maîtrise des ouvriers, si l'on y tient, que tous les ouvriers se valent,
que chaque labeur impose une semblable fatigue et pro-
cure un égal revenu, que le sol, le climat, la race sont
partout les mêmes, qu'enfin les patrons et leurs employés sont inutiles. Mais je suis forcé de m'arrêter là.
D'une part, je ne me puis refuser à reconnaître les exigences du marché général du monde, principal marché
maintenant, je le répète, de tous les peuples industriels, et la première de ces exigences, c'est que la concurrence seule y règle les prix. D'autre part, au sein même
de chaque contrée, comment un travail plus coûteux se
développerait-il autant qu'un travail moins coûteux?
Quel produit cher s'y fabriquerait et s'y vendrait autant
qu'un produit bon marché? Il n'y a ni règlements ni déclamations qui changent cela. Regardez simplement,
avant de décider, ce qui se passe autour de vous. Du haut
d'une tribune de club ou d'une estrade de carrefour, si
puissant que l'on se croie, ses formules en poche,
on l'est moins encore que la force des choses, qui n'est

née d'aucun vote ni d'aucun boniment. Or, s'il en est ainsi, et c'est de toute certitude, chaque cause artificielle d'élévation du prix des produits est un irremédiable et coupable dommage pour les ouvriers.

Aussi devrait-on toujours commencer, lorsqu'on renchérit la production, ou en la restreignant ou en la désorganisant, par accroître les ressources de la consommation. Pourquoi n'y avoir pas pensé? L'on ne fera rien sans cela. Dès que les ventes s'arrêtent, les ateliers se ferment, les transports disparaissent, et que deviennent les ouvriers?

L'on a décrété la hausse du salaire, la diminution du travail, l'indépendance des ouvriers; à la bonne heure! Mais s'il n'y en a plus? L'assistance publique fera son œuvre, répliquera-t-on peut-être. Ce qu'on réserve aux ouvriers, c'est donc l'aumône, avec son constant abaissement, sa détestable dépravation. Et l'aumône elle-même combien durera-t-elle, où disparaîtra la production de la richesse? On ne puise qu'aux réservoirs alimentés. « Les grands faiseurs de protestations » du *Misanthrope* n'y peuvent rien. Interrogez l'histoire économique de la Révolution et vous verrez si ce sont là de vaines hypothèses. Les promesses, les édits, les maxima, les minima, les impôts ordonnés sur les riches, les secours décrétés à l'envi pour les pauvres, se renouvelaient alors chaque jour, et la plus affreuse misère en a été l'unique résultat. Quel malheur que les reformateurs de toute origine, comme de tout temps, n'aient pas été consultés le jour de la création!

On n'a pas même vu que chaque entrave mise au libre travail, quelque bien qu'on en attendit, est, par cela seul qu'elle atteint la production et le salaire, une cause de mauvaise ou de moindre nourriture, de mauvais logement, de mauvais vêtements et pour les ouvriers et pour leur famille. Quand vous empêchez la femme de travailler, la nourrissez-vous ? Décidément, les lois naturelles ne respectent pas assez nos décisions ; le monde et les hommes sont à refaire.

Ainsi que je me suis tu sur la différence des climats, des races, des produits, des occupations, je me tairai sur les conditions inévitables de l'échange, surtout avec nos facilités actuelles de communication, et sur l'égalité des profits, résultant de la transmission, de plus en plus aisée aussi, des capitaux entre les diverses industries, de même qu'entre les divers pays. Je ne dirai point non plus, d'après tous les faits et toutes les statistiques, que les profits se réduisent sans cesse dans le champ industriel à leur extrême limite, grâce au prodigieux accroissement des capitaux et aux facilités de toute sorte qu'ils rencontrent, alors que les salaires s'élèvent constamment, à moins de la plus coupable imprévoyance des ouvriers. On lèverait les épaules si je revenais sur ces premiers enseignements ou ces premières lois économiques.

Jetez-moi dans le feu tous ces méchants écrits.

L'on a changé tout cela... sans y porter atteinte cependant : la réalité se moque tant de l'ignorance ! Et il faudrait s'entendre. Si le monde économique n'est pas laissé à notre fantaisie, si la loi de l'offre et de la demande, loi naturelle du travail, de l'échange et des prix, s'impose malgré tous les décrets, si l'économie politique est une science et que les rapports de la production et de

la consommation, des capitaux et de la main-d'œuvre ne
se peuvent transformer arbitrairement sans nuisances
excessives, que parle-t-on de réglementer comme il
plaît ces rapports et ces choses ? Est-ce de la bienveil-
lance ou de la raison que de ne pas tenir compte de la
nécessité ? Quelle reconnaissance est due aux tristes
mesures qui diminuent produits et achats, profits, épargnes et salaires ?

Je ne m'attarderai plus à cela ; mais on me pardon-
nera, j'espère, de parler des grèves, sur lesquelles on
compte tant pour tout obtenir. C'est l'infaillible *deus ex
machina* d'à présent, comme l'Eldorado béni des cabarets ; MM. Thivrier et Basly ne me démentiront pas. Pour
mieux me faire agréer, en outre, je ne parlerai que des
grèves dont le triomphe a été complet touchant l'élévation
du salaire ou la diminution du travail, sinon par rapport à
ces deux choses à la fois. Quelle victoire ! Comme après
l'assaut la prise s'est montrée superbe ! Quel succès ! Eh
bien ! ces grèves elles-mêmes ont beaucoup nui aux ouvriers, à moins qu'elles n'aient fait que ce qu'aurait fait
à leur défaut le simple jeu de l'offre et de la demande,
sans les haines et les violences qu'elles ont entraînées,
les chômages et les misères qu'elles ont engendrés. Car,
devant des prix de vente forcément plus élevés, puisque
les produits sont revenus plus chers, ont encore disparu
toutes les couches d'acheteurs impuissants maintenant
à les solder, leurs ressources n'ayant pas augmenté. Dans
leur plein triomphe, les ouvriers ont en conséquence vu
de nouveau les ateliers se fermer, au moins en partie,
et leur travail s'arrêter. On oublie toujours d'accroître
la richesse sociale, en y préjudiciant ; c'est un tort con-

sidérable, et l'on y est si souvent retombé que l'on devrait enfin s'en apercevoir. La journée de huit heures fait croire que plus d'ouvriers seront employés ; elle en restreindrait de beaucoup le nombre.

Les dernières grandes grèves dont les demandes ont presque toutes été acceptées (1), sont, je crois, celles des rubaniers de Saint-Étienne, des ébénistes de Paris et des *dockers* de Londres. Seulement, la population ouvrière de Saint-Étienne a perdu, après sa grève, 20.000 de ses membres, comme celle de Paris plus de 100.000. Et les ouvriers restés dans ces deux villes, qui, grâce à leur zèle et à leur habileté, ont continué à s'employer aux nouveaux prix, sont loin d'avoir reçu plus qu'auparavant, lorsqu'ils étaient à la tâche. Interrogez-les ; ils vous l'apprendront. Comment, encore une fois, le salaire ne serait-il pas ce qu'impose l'ensemble des ressources et des besoins sociaux ? Ce n'est pas tout qu'un écriteau à la porte d'une parade. Trouvez, à la fois, deux bons ouvriers sur 100 qui ne préfèrent pas la tâche à la journée, et par là même la liberté du travail et du salaire à leur réglementation. Savez-vous ce que c'est qu'une grève ? L'exploitation du travail par la paresse, le sacrifice d'honnêtes ouvriers à d'ignobles politiciens.

Quant à la grève des docks de Londres, la première qu'ait protégée un cardinal — Bastiat avait peut-être raison de vouloir qu'on enseignât l'économie politique dans les séminaires, — son résultat, c'est que l'ouvrage qu'on y payait 1 fr. 25 s'y paye maintenant 1 fr. 35, en

(1) Je ne dirai rien de celle des omnibus, parce que c'est là une industrie de monopole et que la police s'est unie fort singulièment aux grévistes.

durant trois heures au lieu de deux, et en occupant 100 *dockers* de moins. Est-ce à cela aussi qu'aspiraient les dockers et le cardinal Manning? Et je rappellerai que ce sont les économistes qui, tout en blâmant les grèves, en ont les premiers réclamé le droit pour les ouvriers, comme conséquence de la liberté du travail, pourvu, bien entendu, qu'ils n'y mêlassent nulle violence. Ce n'est pas eux qui ont établi des syndicats privilégiés, des bourses de travail, uniquement en vue des grèves et aux mains des plus ignorants politiciens.

Une fois au moins l'on a calculé les pertes des entrepreneurs et des ouvriers pendant une grève : celle des charbonnages de Charleroi en 1888. Or, si les pertes des entrepreneurs s'y sont élevées à 500.000 fr., celles des ouvriers, seulement sur leurs salaires, ont été de 1.600.000 fr. Cette grève n'a cependant duré qu'un mois et quatre jours.

Mais, mieux encore que les grévistes et leurs chefs, le Conseil municipal de Paris, souveraine autorité de cette ville, et quelle autorité ! a décrété, ordonné la plénitude de leurs revendications. Qui dans ce Conseil s'abaisserait à l'étude avant ses décrets ? Ses *séries de prix* sont toutes en faveur des ouvriers et ce sont de vrais chefs-d'œuvre d'arbitraire et de privilège. Étienne Boyleau n'aurait pas mieux fait, s'il y avait eu de son temps autant de courtisans populaires que du nôtre. Par malheur, ces *séries* qui devaient s'acclamer par toute la France, assurait le Conseil municipal parisien, à qui l'humilité n'a jamais nui, sont restées ignorées hors de Paris, et là même n'ont rien changé, si ce n'est pour les travaux de la Ville, au grand préjudice des contribuables, des travaux et des ouvriers. Aucun particulier ne s'en est occupé, ni ne s'en occupe ; tandis que les entreprises de la Ville, très renchéries, ont extrêmement diminué. C'est presque à désespérer d'effectuer l'impossible. Jusqu'ici les conseilllers municipaux de Paris ne sont parvenus, en fait de prix, qu'à s'attribuer, malgré la loi, 6.000 fr. par année, sans plus se préoccuper de les enlever aux travaux, aux entrepreneurs et aux manœuvres.

Puisque les grèves et le Conseil municipal de Paris m'y autorisent, j'admirerai de nouveau qu'on tranche sans aucune préparation les questions économiques, dont dépend surtout cependant le sort des sociétés, quand personne n'oserait agir de la sorte pour la plus simple recherche de chimie, de calcul ou de physique. Que l'ignorance se fasse docteur, personne ne l'en empêche ; mais comment le respect qu'on lui accorde se mesurerait-il aux dangers qu'elle présente ?

Peut-être M. de Bismarck serait-il de mon avis en ce moment, puisque les plus hauts personnages décident aussi parfois les questions avant de les connaître. Il le fallait entendre effectivement lorsqu'il a commencé, comme grand chancelier, sa campagne des assurances ouvrières obligatoires ! Quel mépris il affichait pour ce pauvre Adam Smith ou ce nommé J.-B. Say ! Comme il les traitait ! Un inquisiteur en robe rouge ne parlait pas différemment naguère de Copernic ou de Galilée. « Il m'est permis, s'écriait-il au Reichstag (1), de revendiquer la première initiative de toute la politique sociale..., j'ai réussi à réveiller pour cette œuvre la sollicitude du dé-

(1) Le 29 mars 1889.

funt empereur Guillaume Ier. » Il avouait, du reste, dans sa ferveur populaire, que son véritable but était d'enrayer les progrès de « la démocratie socialiste », ajoutant : « En France, l'attachement. du grand nombre au gouvernement établi, même mauvais, s'explique par ce fait que la plupart des Français touchent des rentes sur l'État. » — Heureux Français ! Confessez-le, vous ne vous croyiez ni si riches ni si dévoués. Me trompais-je en appelant M. de Bismarck, il y a une douzaine d'années, un grand homme de vingt-quatre heures, et en disant, au sujet de ses assurances, en tant qu'obstacle au socialisme, qu'on n'empêche pas de passer lorsqu'on ouvre les portes ? Car je me défiais déjà de sa politique et de son génie.

Toutefois, M. de Bismarck, répétant Louis Blanc au Luxembourg, presque autant que M. de Mun (1), disait triomphalement encore au Reichstag, en faveur des mêmes assurances : « Je reconnais le droit absolu au travail, et j'en défendrai le principe tant que je resterai chancelier de l'Empire. Si c'est là, comme vous le dites, du communisme…, cela m'est bien égal ». — Il en doutait ! Mais depuis les élections allemandes de 1889, surtout depuis son retour, tant demandé et si peu désiré, à Friedericksruhe, il se pourrait, je le répète, qu'il s'exprimât autrement. Les scrutins et les « chères études » produisent de ces changements. J'affirmerais presque qu'il se glorifierait même moins maintenant d'avoir « sapé la liberté du travail, ce principe fondamental de l'état économique moderne ». Qui sait s'il n'irait pas jusqu'à approu-

---

(1) M. de Mun, je l'ai dit plus haut, a sans cesse répété Louis Blanc.

ver pour la première fois Frédéric III de « n'avoir pas voulu engendrer cette espérance, qu'il soit possible de mettre un terme à tous les maux sociaux au moyen de l'intervention de l'État ». Pensée que l'empereur actuel d'Allemagne pourrait aussi méditer, quoiqu'elle soit de son père.

Je parle de ce nouvel empereur parce qu'il a pareillement eu un beau départ. « Satisfaction sera donnée, écrivait-il à son tour, en publiant ses rescrits, aux plaintes et aux aspirations des travailleurs... Il appartient au gounement de régler la nature et la durée du travail. » Les conseillers municipaux de Paris, M. de Mun, M. Thivrier, les grévistes et bien d'autres, n'ont pas dit autre chose. Car tous les socialistes de gauche et de droite aboutissent, qu'ils le comprennent ou non, à l'arbitraire de l'État et au communisme. Combien toutefois le programme de la conférence de Berlin était déjà loin lors de sa réunion ! Cette conférence, « sur qui toute la chrétienté avait les yeux ouverts », ainsi que sur certaine assemblée de la Sorbonne, est retombée, dès en s'ouvrant, dans l'ornière habituelle des demi-déclarations, des demi-promesses et des vains discours, effrayée, ce semble, de sa propre existence. Ses décisions feraient même croire qu'elle s'est ralliée à peu près à cette opinion de M. Gladstone qu'on ne saurait « s'arroger le droit d'interdire à un adulte de travailler le temps et de la façon qu'il lui plaît ». D'autant que les économistes qui, par hasard, s'y rencontraient, se souvenaient tous d'Adam Smith, quand il disait : « Le patrimoine du pauvre est dans la force et l'adresse de ses mains, et l'on n'a pas le droit de l'empêcher de l'employer de la manière qu'il juge la plus convenable, tant qu'il ne porte dommage à personne ». Est-ce que l'on ne se pourrait non plus fier aux conférences pour l'irréalisable ? La vérité possède-t-elle aussi ses deux portes, d'ivoire ou de corne, comme celles par lesquelles Virgile voyait passer les songes ?

... Qua veris facilis datur exitus umbris.

Je ferai remarquer à ce propos que le communisme, tant acclamé de nos jours par les chanceliers et les empereurs, s'est rencontré à l'origine de toutes les sociétés, dont chaque grand progrès, je l'ai rappelé précédemment, a consisté dans un affranchissement individuel. On en a fait le drapeau de l'avenir ; c'est le joug du passé. On l'acclame, on y revient souvent, c'est vrai ; mais nos principales conquêtes présentes, ne sont-elles pas encore des triomphes personnels ? Que sont donc, je l'ai déjà demandé, les franchises de la pensée, de la conscience et de leur expression, les premières de toutes ? Quoiqu'on fasse, quelque triste extension qu'on donne au socialisme d'Etat, nous n'en reviendrons plus aux croyances et aux institutions issues du paganisme et seulement combattues, jusqu'au christianisme, par Zénon et ses disciples.

Le plus étrange, pour en revenir à mon sujet et m'y restreindre, c'est que les associations ouvrières d'Angleterre, les plus importantes qui jamais aient existé, les *trade's unions*, ont repoussé, dans leur assemblée de 1889, la fixation uniforme et obligatoire de la journée de travail (1), ainsi que viennent de la refuser de très

(1) Les *trade's-unions* ont demandé l'intervention de l'Etat seulement pour les ouvriers des mines.

nombreux ouvriers parisiens, en répondant au questionnaire de notre commission parlementaire sur le travail (1). De même, le vote populaire du canton de Bâle, au printemps dernier, a rejeté l'assurance forcée pour les ouvriers, jusqu'en cas de maladie, sachant probablement dès lors les subterfuges de la paresse, en Allemagne, pour paraître souffrante, au risque de ruiner le trésor public. Plus récemment, le conseil municipal de Paris a offert aux ouvriers de son imprimerie, la plus mal organisée de cette ville sans comparaison, de réduire leur journée à huit heures en faisant subir une diminution proportionnelle à leurs salaires ; ils ont unaniment refusé. On le voit, la liberté individuelle, qui est surtout de nos jours la liberté industrielle, puisque chacun vit maintenant de son travail, a conservé des défenseurs fort inattendus.

II

Après la liberté du travail et ses conséquences, ce que les réformateurs de nos jours attaquent le plus, c'est le capital. Ils en font aussi l'irréconciliable ennemi des ouvriers et s'efforcent de le détruire, y rencontrant, je le reconnais, plus d'un succès. Que le capital se compose de toutes les machines, de tous les ateliers, des voies de communication, des moyens de transport, des monnaies nécessaires, des champs améliorés, des ports, des épargnes utilisées, des intelligences instruites et moralisées, cela n'y fait rien. Qu'importe encore que les dix-neuf vingtièmes des populations mourussent d'inanition

(1) Par 5.015 voix contre 291.

s'il disparaissait, et que le reste retombât dans la barbarie, la sauvagerie presque animale ? Car le couteau de silex, l'arc fait d'une liane tordue, sont eux-mêmes des capitaux. Aide constante et indispensable de l'homme, il le faut anéantir ! La moindre lecture apprendrait cependant que c'est à mesure qu'il s'est formé et accumulé, que le travail s'est développé et allégé, que les consommations se sont multipliées et que les connaissances, les sciences, les arts se sont répandus, parce que notre vie s'est moins passée à pourvoir à nos premiers besoins. Je le redirai ici, le capital, c'est le géant de la fable qui soulève le monde de l'abîme du malheur aux sphères de la félicité. Du reste, qu'un ou plusieurs ouvriers, s'il leur convient, essayent de s'en passer ; rien ne s'y oppose, ni n'est plus facile. Qu'ils le fassent et ils verront ce qu'ils deviendront, si dénûment se transformera pour eux encore en aisance, et l'aisance en richesse, ainsi qu'il en est souvent aujourd'hui. Toute société ouvrière, coopérative ou autre, a eu recours au capital. Toutes l'ont mendié quand elles en manquaient, et ont croulé dès qu'elles ont tenté pour cela, comme pour le reste, de sortir des voies ordinaires et obligées de la production. Le profit disparaissant avec le capital, que resterait-il du salaire ? Ah ! que la condition des diverses classes sociales, de tous les peuples, serait différente de ce qu'elle est, si ce que l'imprévoyance, la dissipation, les folies, les révoltes ont détruit, était devenu épargne, puis capital ! En vous rappelant la grève de Charleroi, pensez que l'ivrognerie absorbe annuellement en Angleterre, où s'est fait ce calcul, le tiers du budget total, un milliard. Que ce milliard se verse aux entreprises utiles, se transforme en capital, et que de nouveaux salaires et de nouvelles épargnes apparaîtront !

C'est, en outre, une observation justifiée par toutes les recherches, toutes les statistiques, que depuis un siècle, notamment depuis quarante ans, c'est-à-dire, chez nous, depuis l'avènement de la grande industrie, née de la concurrence et du capital, les fortunes se sont non seulement élevées, mais égalisées. Et le dois-je répéter ? que des différents revenus, ce sont les salaires qui de beaucoup ont le plus progressé. Ils se sont élevés, en France, de 42 0/0 depuis 1853, et de 60 0/0 depuis 1826. En Angleterre, tandis que les grandes fortunes s'abaissaient en ces dernières quarante années d'un tiers dans leur revenu, celui des classes moyennes gagnait 30 0/0 environ, et celui des classes ouvrières a presque doublé. Lisez MM. Leroy-Beaulieu, Leone Lévi (1), Giffen, Lavollée, et vous en serez convaincus, si vous consentez toutefois à l'être. Aussi bien, en même temps que les salaires augmentaient autant sous notre présente organisation industrielle, les consommations communes : vêtements, nourriture, ameublements, logements, baissaient beaucoup de prix. Il n'y a eu d'exception pour la nourriture, que chez les peuples assez insensés et assez injustes pour s'opposer aux échanges et augmenter démesurément les taxes. Personne n'aurait certainement avant nous, tracé un tableau des améliorations survenues, de son vivant, dans l'existence du plus grand nombre, comparable à celui que M. Gladstone exposait à Saltney,

(1) V. surtout *Wages and earnings of the working classes*, de M. Leone Lévi.

en octobre dernier (1). C'est à lui surtout d'ailleurs, le *great old man* respecté du monde entier, comme à Pitt et à Peel, obéissant tous les trois aux enseignements économiques, que se doit ce fait si contraire au passé, qu'un ouvrier anglais qui ne fumerait pas et ne consommerait pas de boisson fermentée, ne paierait plus aucun impôt (2) Examinez enfin les sommes réunies maintenant dans les caisses populaires, caisses d'épargne, *trade's unions*, sociétés mutuelles, assurances sur la vie, banques ouvrières, que de ressources, que de richesses toutes récentes ! Nos seules caisses d'épargne détiennent en ce moment plus de 3 milliards.

On se plaît aux sonores fanfares, aux bruyantes parades, aux mensongères affiches ; qu'ont-elles produit ? Des violences, des crimes, des souffrances ; rien autre chose. Et c'est au milieu même de ces périls et de ces maux qu'il a suffi de la liberté du travail et du respect de la propriété, si restreints, si entravés souvent encore, pour créer les résultats que je viens de signaler. Bien des perfectionnements, bien des innovations restent à souhaiter ; personne n'en doute. Les leçons et les vœux de l'économie politique sont loin d'être tous écoutés. Que d'obstacles à renverser ! Que de franchises à gagner ! Que d'iniquités à réparer ! Que de charges à diminuer ou à détruire ! Mais qu'on n'oublie jamais du moins qu'une base matérielle est nécessaire à tout progrès humain, et que cette base ne s'obtient que là où elle est possible. Il serait, aussi bien, trop commode que notre destinée dépendît d'un écriteau de fantaisie ou d'un décret de hasard, sans

(1) A l'inauguration d'un *Mechanic Institute*.
(2) Depuis le budget de 1891, présenté par M. Goschen.

égard à notre liberté et à notre responsabilité. Le *leap in the dark*, est peu tentant.

Mais nos réformateurs s'inquiètent bien de cela ! Ils en sont encore à ignorer, dans leur horreur du capital, l'immense extension de la richesse mobilière, qui le compose en si grande partie. Ils vivent toujours dans le passé, pour mieux régler l'avenir. Ils condamnent même cette richesse, lorsqu'on leur en parle, sans comprendre qu'elle permet, mieux encore que l'immobilière, aux classes laborieuses de s'élever de plus en plus à la propriété, en multipliant leurs salaires et en facilitant leurs consommations. Qu'ils seraient surtout stupéfaits s'ils apercevaient qu'elle vaut, par cela même, à ces classes, jusqu'à l'importance sociale et politique qu'elles ont prises. Comment l'auraient-elles pourtant acquise autrement ? Ainsi qu'une vague et pâle lumière, la fortune mobilière est en effet apparue d'abord en Europe dans les cités industrielles de l'Italie, des Flandres et de la Hanse (1). Elle a jeté plus tard de brillants rayons en Hollande, ce premier royaume ouvrier et libre, et elle couvre à présent d'irrésistibles flammes tous les grands États, devenus de grands ateliers. Si minime qu'elle fût, parmi nous, en 1789, elle y égale maintenant la richesse territoriale. Fille du travail et de l'épargne, elle est, malgré toutes les déclamations, l'unique mère des démocraties ; elle seule les a rendues possibles et les impose. Oui, Watt et Smith ont plus fait pour le bien-être, la liberté et l'égalité, que tous les rêveurs, tous les tri-

____

(1) **M.** Neymarck porte les *valeurs mobilières*, possédées par des Français en France en 1789, à 300 millions et en 1889, à 80 milliards.

buns, tous les révolutionnaires. Montrez, en face de leurs bienfaits, ce que nous ont valu les *Républiques*, les *Utopies*, les *Atlantides*, les *Salentes*, les *Icaries* et les lois et les systèmes inspirés du même esprit.

Les ouvriers de fabrique, de comptoirs ou de mines se devraient du moins demander comment ont agi et continuent à agir nos ouvriers des campagnes pour jouir de leur sort. Dénués, entravés, délaissés, ils sont parvenus à se rendre maîtres de plus de la moitié de notre sol, vivent pour la plupart chez eux, se sentent heureux, et, toujours surtaxés et sacrifiés, ne cessent d'acquérir et de s'élever. C'est que, sans les connaître, ils ont, à force d'énergie et de sagesse, pratiqué les enseignements économiques. Qu'ils prouvent bien ce que peuvent un libre labeur et une digne épargne, loin des coureurs d'élection, de club et de cabaret !

Mais nous allons, l'on n'en pourrait douter, constituer une nouvelle humanité au sein d'un nouvel univers ! Nos législateurs, dont l'on connait le profond savoir et la haute capacité, viennent de consacrer un jour par semaine aux questions sociales ! Ils ignorent les lois du monde économique autant que les faits qui s'y sont produits jusqu'à présent ; cela ne les touche point. Ils en disserteront tous les huit jours, aux enchères de la popularité ! Qui conserverait quelque crainte pour notre avenir et n'admirerait leur dévouement ? Notre gouvernement lui-même, pris d'émulation, vient de proposer d'ajouter aux pensions qu'il sert avec tant de dommage, et qui se montent à 221 millions, 100 millions pour celles des ouvriers, de tous les ouvriers, quoique 1 milliard n'y suffit pas. Il trouve tout simple, en outre, d'accumuler dans ses caisses, affectées à ce service, 20 ou 26 milliards au bout de peu d'années, une vingtaine au plus, suivant ses projets et les calculs faits ! L'habileté ne consiste cependant pas seulement à promettre. Et, si notre ministre des finances ignore que sous la pression de la concurrence, le prix des produits et le taux des salaires, quelque forme qu'on leur donne, ne peuvent dépasser une certaine élévation, leur élévation naturelle, il n'ignore certainement pas que ce sont les ouvriers qui payent surtout les impôts et en souffrent le plus.

CHAPITRE VIII

Aristophane fait dire quelque part à Démosthènes :
« La République ne demande, pour la gouverner, ni un
savant, ni un honnête homme ; il lui faut un ignorant
et un coquin. » Il lui fait encore dire, sans que je l'en
félicite davantage, quoique je le puisse difficilement
contredire après mon chapitre sur *nos finances* : « On
guette les tributs, pour les dissiper, ainsi que le pêcheur
guette l'arrivée des thons. » Mais ce n'est pas à ces re-
marques, que je veux m'arrêter. Je parle d'Aristophane
parce que j'ai souvent regretté qu'il ne se fût pas expli-
qué plus longuement sur les partis politiques et les
mœurs publiques de la Grèce, qui, quatre cents vingt-
cinq ans environ avant notre ère, étaient déjà peut-être
semblables aux nôtres. Que ses appréciations auraient été
curieuses, si ces partis s'excitaient surtout à des déclamations ridicules, à de stériles agitations, à d'odieux souvenirs, à d'indignes compromissions, aux plus basses
flatteries, aux plus dangereux privilèges ! Qu'elles le seraient encore s'ils poussaient le gouvernement, en y
triomphant souvent, à tout laisser aller à la dérive, à
ne vivre qu'au jour la journée, au risque de perdre
jusqu'aux principes de l'aisance et de l'ordre social,
dans un pays qui n'aspirait peut-être aussi qu'à la paix,
au travail et à la concorde !

L'on nous avait une fois de plus affirmé, à l'avènement de notre nouvelle constitution, et selon la tradition établie, que nous allions tous goûter une entière félicité, jointe à une grandeur sans exemple. Ce devait être l'olympe ou le paradis sur terre. Et ce n'est, depuis qu'elle existe que divisions, suspicions, injures, oppressions et révoltes. Chacun à sa république particulière, où, sous le nom d'égalité, tout monopole ou privilège est réservé à sa clientèle, et où, tout en combattant les autres, il est peu désireux qu'elles viennent à la sienne, dans la crainte de moins attirer les regards et de moins prendre part aux curées. Quelles mœurs littéraires nous a faites la politique! m'écrivait dernièrement le plus célèbre auteur dramatique, je crois, de notre temps; mais ce n'est pas seulement des mœurs littéraires qu'il sied de se plaindre. S'il continue à se rencontrer d'honnêtes gens, dévoués à leur pays et capables de le servir, dans les chambres, la presse, les associations, le gouvernement, en vérité ils deviennent rares.

La plupart des politiciens, républicains, monarchistes, impérialistes, fort charitables envers eux-mêmes, perdraient sans hésiter patrie et société, non seulement pour plaire à leur parti, mais même pour ne pas contredire un de leurs actes, si ce n'est une de leurs paroles. Ils ne redouteront jamais de créer des embarras, d'engendrer des périls, de mener à la guerre civile et peut-être à la guerre étrangère. L'on est tellement accoutumé à leurs pensées et à leurs actions, que personne n'a songé à leur reprocher de nous éloigner, de nous séparer encore des autres peuples, alors que de formidables alliances se sont formées contre nous presque sur toutes nos frontières. Qu'importe que notre industrie, qui doit aux traités de 1860 ses plus grands développements, se restreigne et s'abaisse depuis quelques années, en comparaison des industries étrangères? Qu'importe que nous ayons été les premiers à vouloir et à réaliser l'abolition de l'esclavage dans nos colonies? Nos politiciens s'appliquent encore à accroître nos tarifs, comme ils refusent la signature de la France, après Wilberforce, après Schœlcher, et malgré les nobles exhortations du plus illustre prêtre, au bas de l'acte de la conférence de Bruxelles. Ils veulent que la France reste seule, avec le Portugal, dans le monde de la civilisation, à soutenir la traite et la servitude, sous prétexte d'un droit de visite qui n'est plus possible! Les braves gens! Et qu'ils ont raison d'être satisfaits! Leurs habitudes sont prises, ils les continuent. Ils invoqueraient, au besoin, la liberté pour la détruire, l'autorité pour la faire disparaître, la dignité pour engendrer la bassesse.

Quant à moi, je dirais volontiers à tous, politiciens ou autres : sans renoncer à vos convictions, si vous en avez, considérez les faits au sein desquels vous devez agir et restez honnêtes. Laissez courir les fous, mentir les charlatans, s'embusquer les scélérats; pensez à votre pays. Suivez les plus instruits, écoutez les plus respectables; l'étude découvre la vérité; l'honneur mène au bien et à la sagesse. Soyez persuadés que vous serviriez mal tout pouvoir utile, toute institution, tout principe profitable, par des actes révolutionnaires ou corrupteurs. Quelle tempête ne jette aux écueils? Quelles eaux troubles n'arrêtent et ne salissent? Ne désertez jamais la liberté, surtout la liberté économique, commune et unique sauvegarde, seule voie du progrès, de la richesse, de la grandeur dans les sociétés présentes, qui sont à peu près partout déjà des sociétés démocratiques. Il ne s'y trouve plus d'opinion conservatrice ni d'ordre durable en dehors des franchises et de l'égalité, tant de fois sacrifiées à la plus basse ou la plus ignorante envie. N'imaginez pas que votre caprice dispose des lois naturelles des hommes et des choses, et que vous puissiez tenter de les y soumettre sans d'immenses malheurs. Soyez enfin assurés que, de quelque nom que s'appelle votre gouvernement, bien que chaque sorte de gouvernement ait des conséquences obligées, il sera ce que vous l'aurez fait. C'est pour cela que l'on a eu raison de dire qu'un peuple possède toujours le gouvernement qu'il mérite; et que serait autrement notre responsabilité?

Mais, je le sais, ce ne sont point là des conseils de parade et de transcendance; ils seront peu écoutés. Aussi m'empresserai-je d'y mettre fin par une dernière citation :

> *O colendi*
> *Semper et culti, date quæ precamur*
> *Tempore sacro*
>
> . . . .
>
> *Romulæ genti date remque, prolemque*
> *Et decus omne !*

Paris. — Typ. A. DAVY, 52, rue Madame. — *Téléphone.*

www.ingramcontent.com/pod-product-compliance
Lightning Source LLC
Chambersburg PA
CBHW051551050726
47595CB00002B/739